シリーズ・症例が語る「発達障害」❶

就学前

発達障害が映す子どもたち

0歳から始まる症状

崎濱盛三［著］

ミネルヴァ書房

刊行にあたって

発達障害者支援法が平成十七年（二〇〇五）四月に施行されてから、発達障害という言葉は随分と知られるようになったのではないでしょうか。

発達障害に関する本も無数に出ています。それにもかかわらず専門家の数は相変わらず少なく、支援を求めて行った発達障害者支援センターなのに理解してもらえなかったと嘆く当事者も少なくありません。

治療薬の扱いにも問題があります。ＡＤＨＤ（注意欠如・多動症）治療薬はかなり助けになる薬なのですが、それ故にＡＤＨＤ以外の発達障害を見落としてしまうことにもなっています。問題が解決しないのはこのＡＤＨＤ治療薬に反応しないからだろうと、数種類ある薬を次々に試すことになります。問題はそこではないのに……子どもの大切な時間だけが過ぎていきます。

発達障害の理解を難しくしているのは、やはり自閉スペクトラム症の奥の深さだと感じます。自閉スペクトラム症を構成する問題（中心症状）は二つあります。大きな枠組みで捉えると、一つは「言葉」の問題で、もう一つは「強迫」の問題です。

人間は言葉でものを考え、言葉で環境世界を捉えます。人間があらゆる生物の中で大きな顔をしているのは、言葉を獲得したからでしょう。強迫は自分ではコントロールするのが難しい衝動行為です。これは古くからある脳の仕業と考えられます。

このように自閉スペクトラム症は、中心問題として、極めて人間的な「言葉の問題」と極めて動物的な「強迫の問題」という、二つの大問題を抱えているのです。しかもそれは生来的、持続的です。即ち自閉スペクトラム症の二つの問題は、生活の中に浸透し、知らず知らずのうちにストレスを与え続けています。そしてそれが徐々に体調不良などの身体の問題や不登校などの社会的問題となって姿を現わすことになります。

その姿は発達の段階や環境などの要因によって様々な形で現われます。姿を潜めて気付かれずにいることもあります。それが「スペクトラム」という名称の所以《ゆえん》です。

子どもの発達障害の臨床では、就学前、小学校低学年、小学校高学年、中学、高校と子どもの成長に伴って現われる姿が変化していくのが見てとれます。そこで、この『発達障害が映す子どもたち』では、各々を一冊の本にまとめ、全五巻としました。「発達障害」を透して、子どもたちのことが新たに浮き彫りになればと思っています。子どもは未熟な大人ではありません。それぞれの年代を一所懸命に生きる「成人」なのです。

二〇二〇年一月八日

崎濱盛三

就学前　発達障害が映す子どもたち
——〇歳から始まる症状

目次

本文レイアウト・作画　木野厚志（AND・K）
企画・編集　エディシオン・アルシーヴ

序章
発達障害の理解のために

発達障害を持つ子どもたち

「刊行にあたって」でも最初に書きましたが、発達障害を持つ人の支援を目的とした発達障害者支援法は、平成十七年四月に施行されました。教育に関しては、平成十八年の学校教育法の一部改正で、平成十九年四月から特別支援教育が実施され、発達障害者支援法で規定される発達障害を持つ子どもたちもその対象となりました。国を挙げて発達障害を持つ人々を支援しようとしてから、かれこれ十数年が経つことになります。

今でも発達障害を診察出来る医療機関は十分ではないのですから、特別支援教育が実施された当初は言うまでもありません。特別支援教育では、「教育と医療・保健・福祉等の学校外の機関との連繫が出来る」とありますが、いったいどこで誰に診てもらえるのだろうかと、当時の先生方は医療機関を見付けることに大変苦労されていました。

ちょうどその頃に私は現在勤務している病院に赴任しましたので、どんどん発達障害を持つ患者さんを紹介されることになり、今までに二千人余りの患者さんと出会うことが出来ました。そしてもう十数年のお付き合いになる患者さんも少なくありません。

発達障害は生来の障害ですので、年齢や周りの環境などとの関係で、大きな問題を抱える時期があったり、ほとんど目立った問題なく過ごせる時期があったりします。十年一昔とはよく言ったもので、十数年のお付き合いでやっと、病とともに生きる患者さんの喜怒哀楽を感じることが出来るようになった気がします。

十年先を見据えた治療

小学二年生から学校を休みがちになったA男くんが、病院を受診したのは小学四年生の時でした。学校では「ちょっと嫌なことがある」というものの、学校に行きたくない理由ははっきりしません。学校に行こうとするとお腹が痛くなったりします。イライラしてお父さんに暴力を振るうこともありました。また小学校の時に、学校に行くのが嫌で、首吊り用の紐をもって家出をしたこともあります。しかし首を吊るのが恐くなって、用水路に身を潜めているところを発見されました。

そんなA男くんも中学に入学すると、はりきって学校に行くようになりました。しかし中学二年生からは再び登校出来ない日が出てくるようになりました。私に反感を持って病院に来ないこともありました。それでも中学三年生では別室を利用しながら登校し、気持ちも落ち着いてきました。高校は順調に登校出来るようになり、病院から遠方であったこともあり高校一年生で通院は終了しています。

最後の診察の時に、小学校の時の家出のエピソードを話すと恥ずかしそうにしていたのを覚えています。

高校卒業後は医療系の専門学校に進んで、卒業後は医療関係の仕事に就いています。随分あとになって人伝《ひとづて》に聞いた話ですと、不登校になった時のことを考えて、専門学校は私の病院に通いやすい場所にある学校を選んでいたとのことでした。また、医療関係の仕事を選んだのは、自分が「子どもの頃に病院に世話になったから」と言っていたようです。

まだまだ発達障害の理解がない時代に病院を受診させたご両親、成長して自分の障害を受け入れていったA男くんは立派だと思います。そしてA男くんには、自閉スペクトラム症（ＡＳＤ）の特性は見られたものの、見事に病を克服したと言ってもいいと思います。

子どもの発達障害の診療は、現在の症状を軽減するだけでなく、子どもの将来の可能性を広げることが大切です。十年先を見据えた治療が必要となるのです。

ADHDという診断の危うさ

子どもの発達障害を診るにあたっては、自閉スペクトラム症の理解が欠かせないのですが、発達障害の中で幅を利かせているのはADHD（注意欠如・多動症）です。

ADHDは「不注意」、「多動性」および「衝動性」を特徴としている疾患です。不注意、多動、衝動という言葉は、日常語としても使われる言葉なので、何となくわかった気になります。また自閉スペクトラム症でも、ADHDとは異なる不注意、多動、衝動が見られることがあるので、ADHDのそれと間違われてしまうことがしばしば見られます。こうして自閉スペクトラム症の問題が見落とされてしまって、その結果として治療が行き詰まってしまうことがよくあります。

ADHDの診断基準が見掛けの行動から判断しやすいのとは対照的に、自閉スペクトラム症の診断基準は少しわかりづらいかも知れません。

自閉スペクトラム症の「グレーゾーン」の恐さ

自閉スペクトラム症と言うためには、以下の二点の基準を満たすことが必要です。

① 様々な状況での人と人とのコミュニケーションと相互作用が生来的に障害されている こと。
② 行動・興味・活動の限局した繰り返し。

診断基準には、それぞれの項目に該当するもう少し具体的な例が書かれているのですが、スペクトラム（一連のもの）の名前が示すように、年齢や環境などの要因で疾患の表現型は様々な形をとるので、その例を見ても疾患の診断はなかなか難しいのではないかと思われます。

自閉スペクトラム症でもＡＤＨＤの要素が併存している場合も多く、治療においてＡＤＨＤ治療薬で改善する部分もあることも、本来の自閉スペクトラム症が忘れ去られる要因の一つではないでしょうか。

また、自閉スペクトラム症では、診断が確定されず「グレーゾーン」という言葉で片付けられることがよくあります。実際に、高血圧や糖尿病のように検査結果が数値化される疾患でもグレーゾーンが存在しますから、自閉スペクトラム症でグレーゾーンが存在することは当然のことと思います。本人やご家族が「グレーゾーン」と思い込んでいる場合もあるのですが、それでも少し安易に「グレーゾーン」と「診断」されていることが多い印象があります。「グレーゾーン」と「診断」されると、そこでフォローが中断されてしまうことが多く、状態がかなり悪くなってから、やっと再受診されることもよくあります。

「後医は名医」という言葉がありますが、そうではなくて、最初に診断した医師がきちんと診断しておいてくれれば、違う展開があったのではないかと残念に思うこともしばしばです。

自閉スペクトラム症の真の理解

やはり発達障害の理解の要は、自閉スペクトラム症の理解だと思います。七十五歳になって自分が自閉スペクトラム症だとわかったおばあちゃんが、「どうりで生きにくいと思った」と言ったのが印象的でした。

周りの自閉スペクトラム症を持つ子どもたちに、少しでも楽に生きてもらいたいとは思いませんか。

第一章

発達障害の名称について

DSM－5の理解

今日では発達障害に関する本が多数出版されていることもあり、病院を受診される前に「発達障害」について勉強されている方も珍しくありません。またインターネットを使って自分で発達障害の診断をしてみる方もいます。そのため発達障害が身近に感じられ、病院の受診も以前より抵抗感が少なくなったように感じます。しかし、色々な情報が手軽に手に入る一方で誤解も多くなっています。

そのため、まずは「発達障害」という名称について確認しておくことが大切です。

「発達障害」とは

発達とは、「受胎から死に至るまでに生じる身体的、精神的、社会的な機能のすべての変化」と定義されるのですが（『新版精神医学事典』弘文堂、一九九三年）、その障害となるとあまりにも範囲が広過ぎてよくわからなくなってしまいます。

ところで我が国では、繰り返しますが平成十七年四月から「発達障害者支援法」が施行されています。この法律は発達障害者の支援を目的としたもので、当然のことながら、「発達障害」と「発達障害者」の意味について明示されています。

この法律によると、「発達障害」とは、

「自閉症、アスペルガー症候群その他の広汎性発達障害、学習障害、注意欠陥多動性障害その他これに類する脳機能の障害であってその症状が通常低年齢において発現するものとして政令で定めるもの」

とあり、また「発達障害者」とは、

「発達障害及び社会的障壁により日常生活又は社会生活に制限を受けるもの」

とあります。

おおまかには、「発達障害」というのは、法律にそって、上記のように理解していいと思います。要は、生まれつき脳の働きに問題があって、自閉症とか、アスペルガー症候群、その他の広汎性発達障害、学習障害、注意欠陥多動性障害などといった障害になるのだろうと考えてよさそうです。ただ、これは行政上の定義なので、精神医学的にはどうなっているのかも見てみましょう。

ＩＣＤとＤＳＭ

現在の精神医学には二つの診断基準があります（表1－1）。一つはＩＣＤ（疾病及び関連保健問題の国際統計分類）で、もう一つはＤＳＭ（精神障害の診断・統計マニュアル）で

表1-1　ICD-10とDSM-5の診断名対応表

ICD-10（WHOの国際疾病分類第10版）	DSM-5（アメリカ精神医学会〈APA〉の精神疾患の診断分類、改訂第5版）
F7　精神遅滞	知的能力障害群
F8　心理的発達の障害	
F80：会話および言語の特異的発達障害	コミュニケーション症群
80.0：特異的会話構音障害	言語症
80.1：表出性言語障害	語音症
80.2：受容性言語障害	小児期発症流暢症（吃音）
80.3：てんかんに伴う獲得性失語（ランドウ・クレフナー症候群）	社会的コミュニケーション症
	特定不能のコミュニケーション症
80.8：他の会話および言語の発達障害	
80.9：会話および言語の発達障害、特定不能のもの	
F81：学力の特異的発達障害	限局性学習症
81.0：特異的読字障害	読字の障害を伴う
81.1：特異的綴字障害	書字表出の障害を伴う
81.2：特異的算数能力障害	算数の障害を伴う
81.3：学力の混合性障害	
81.8：他の学力の発達障害	
81.9：学力の発達障害、特定不能のもの	
F82：運動能力の特異的発達障害	運動症群
	発達性協調運動症
	常同運動症
	チック症群
	トゥレット症、持続性運動または音声チック症、暫定的チック症、他の特定されるチック症、特定不能のチック症
F83：混合性特異的発達障害	
F84：広汎性発達障害	自閉スペクトラム症
84.0：小児自閉症	
84.1：非定型自閉症	
84.2：レット症候群	
84.3：他の小児期崩壊性障害	
84.4：精神遅滞および常同運動に関連した過動性障害	
84.5：アスペルガー症候群	
84.8：他の広汎性発達障害	
84.9：広汎性発達障害、特定不能のもの	
F88：他の心理的発達の障害	
F89：特定不能の心理的発達障害	
F9：小児期および青年期に通常発症する行動および情緒の障害	
F90：多動性障害	注意欠如・多動症
90.0：活動性および注意の障害	混合して存在、不注意優勢に存在、多動・衝動優勢に存在
90.1：多動性行為障害	
90.8：他の多動性障害	他の特定される注意欠如・多動症
90.9：多動性障害、特定不能のもの	特定不能の注意欠如・多動症

ICD-10、DSM-5より改変引用。

す。

ＩＣＤ－10（第10版）の中の「精神および行動の障害」の分類で、「心理的発達の障害」（Ｆ８）というカテゴリーがあります。その中に「広汎性発達障害」（Ｆ84／注１）が分類されており、その中でまた細かく病名が分かれています。

Ｆ84　広汎性発達障害
Ｆ84.0　小児自閉症
Ｆ84.1　非定型自閉症
Ｆ84.2　レット症候群（注２）
Ｆ84.3　他の小児期崩壊性障害
Ｆ84.4　精神遅滞および常同運動に関連した過動性障害
Ｆ84.5　アスペルガー症候群
Ｆ84.8　他の広汎性発達障害
Ｆ84.9　広汎性発達障害、特定不能のもの

ちなみに、先の行政上の定義の中の学習障害は、F8「心理的発達の障害」の中の「学力の特異的発達障害」（F81）に相当します。注意欠陥多動性障害はF8の下位分類ではなく、「小児期および青年期に通常発症する行動および情緒の障害」（F9）の中の「多動性障害」（F90）に相当します。

ずいぶんややこしくなってきましたが、発達障害に関してはDSMを使用することが多いので、一般的にはICDのことは忘れてもらっても不都合はありません。本書でもDSMの診断名を使用することにします。

DSM-5

DSMは版を重ねて現在は第5版（DSM-5）になっています。そして診断名も版によって名称が変わっています。例えば、DSM-5でいう自閉スペクトラム症の診断名は図1-1で示すように変わってきています。DSM-5では「発達障害」に相当する疾患を、神経発達症群／神経発達障害群（Neurodevelopmental Disorders／注3）としてまとめています。ちなみに英語名が一つであるのに対して日本語名が二つあるのは、「障害」という語を嫌う現代の風潮に合わせて、「障害」と併せて「症」という語も日本

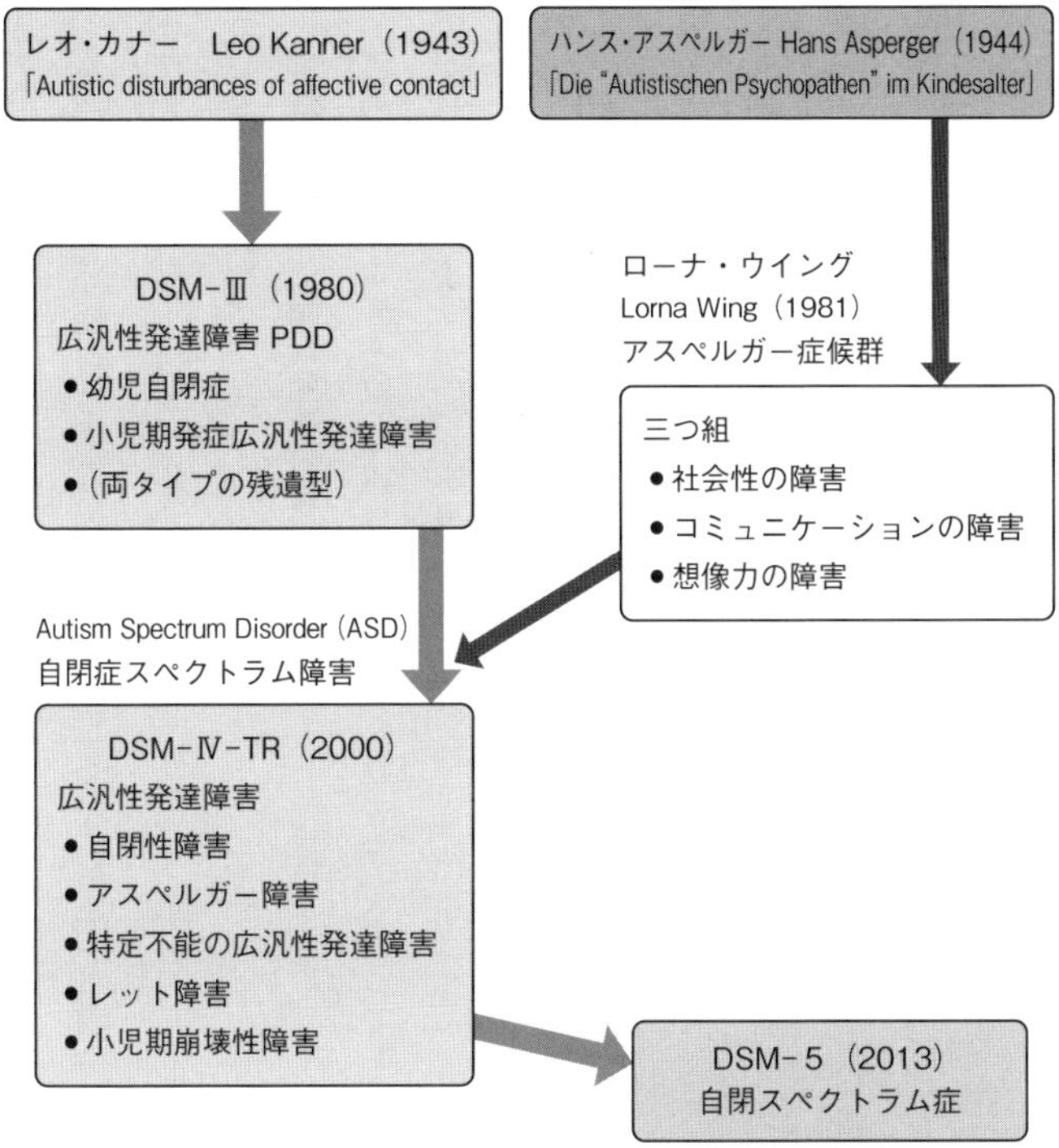

図1-1　「自閉スペクトラム症」という名称に至る流れ
1980年から2013年の名称の変遷。

語の診断名に取り入れたからです。以前は、精神疾患は病気ではなくて障害であるから、「～症」とか「～病」というのはふさわしくないなどと言っていた時代もあったのですが、今では逆転してしまいました。

神経発達症（神経発達障害）の症状

この群に属する疾患は以下のものがあります。ここでも「～症」と「～障害」を併せて記してありますが同じ疾患です。

・知的能力障害群
・コミュニケーション症群（コミュニケーション障害群）
・自閉スペクトラム症（自閉症スペクトラム障害）
・注意欠如・多動症（注意欠如・多動性障害）
・限局性学習症（限局性学習障害）
・運動症群（運動障害群）
・他の神経発達症群（他の神経発達障害群）

「発達障害者支援法」の発達障害の定義に示されている疾患名に照らし合わせてみると、自閉症、アスペルガー症候群その他の広汎性発達障害は「自閉スペクトラム症」、学習障害は「限局性学習症」、注意欠陥多動性障害は「注意欠如・多動症」となります。ＩＣＤ－10の場合よりすっきりしています。

神経発達症群の中の疾患は併存していることがよくあります。一人の人が、例えば自閉スペクトラム症と注意欠如・多動症を併せ持っているという具合です。この疾患の併存については、どの発達障害の本にも書かれているのですが、実際の臨床にはあまり生かされていないように感じます。例えば、「不注意」という現象についていえば、自閉スペクトラム症でも注意欠如・多動症でも見られる現象なので、今取り扱っているのがどちらの「不注意」なのかを意識しなければ、治療は上手くいきません。

年齢と疾患の症状

また、神経発達症群ではそれぞれの疾患の症状は、発達の経過の中で、様々な現われ方をします。例えば、注意欠如・多動症では、幼少期は多動が目立ち、成長すると不注意が目立ったりします。自閉スペクトラム症では、まさに症状の現われ方は「スペクトラム（一連のもの）」です。疾患が併存している場合の症状は、それぞれの疾患が経過の中で様々な現われ方をする訳ですから、さらに複雑になります。

医師の側からしても、その複雑な問題を正しく捉えるためには、本人はもとより親や学校の先生、福祉の支援者などからの様々な情報が必要となります。神経発達症の支援は、子どもの周りの人が協力し合うことが大切で、それでその子どもの将来の可能性が広がるのです。支援のための共通の「言葉」として、疾患名を知っていることが役に立つのではないでしょうか。

以下、簡単に「言葉」の説明をしておきます。

① 知的能力障害群

「群」とあるのは、知的能力障害の他に、全般的発達遅延と特定不能の知的能力障害があるからです。後の二つは、正確に診断が付けられない時のために用意されている診断名なので、医師でもない限りそれほど気にしなくてもよいと思います。

知的能力障害は、我が国で一般に使われている知的障害に相当します。以前は精神遅滞と言われていましたが、イメージがよくないので知的障害に変わりました。知的な障害と言っても、一度正常に発達したのちに問題が生じる認知症などはこれに当たりません。

診断のためには知能検査を行うことが必要で、ＩＱ（知能指数）が概ね70以下が知的能力障害になります。「概ね」と書いたのは、ＩＱの数字だけで線引きするものでなく、日常生活の様子と照らし合わせて判断するからです。

知的能力障害の重症度は、「概念的領域」、「社会的領域」、「実用的領域」から、軽度、中等度、重度、最重度を判断します。概念的領域は、少しわかりづらいかも知れませんが、学童期の例が理解しやすいと思います。

学童期でいえば、読み、書き、算数などの学習が「概念的領域」の例です。人は言葉を使用することで、色々なことを考えることが出来ます。例えば、抽象的なことを考えたり、物事を計画したりすることなどです。つまり概念的領域は、言葉を操作する能力の領域ということになります。

「社会的領域」は、対人関係を作る能力の領域です。

「実用的領域」というのは、トイレで排泄出来るかとか服を自分で着られるかなどの生活の基本的なことから、金銭管理や契約がきちんと出来るか、娯楽に参加出来るかといったことに至るまでの、日常生活を営むに当たって必要な能力の領域です。

ここでは細かい話までは立ち入りませんが、この三領域における「知的機能」と「適応機能」の両方が問題となる障害が、知的能力障害なのです。

② コミュニケーション症群

この群に属する疾患は、言語症、語音症、小児期発症流暢症（吃音 表1‐2）、社会的（語用論的）コミュニケーション症、特定不能のコミュニケーション症です。

この疾患の中で、吃音は一般的によく知られていると思われますが、あとの疾患はあまり聞きなれないのではないでしょうか。

言語症（Language Disorder）は言語障害とも訳されますが、一般的な「言語障害」の意味とは異なるので誤解されやすいかも知れません。ちなみに『広辞苑』で「言語障害」を調べると、「話すこと、言葉を聞いて理解すること、文字を読むこと、文字を書くことなどの障害。話すことの障害には構音障害と失語症とが含まれる」とあり、ここでの疾患の意味より漠然とした広い意味になっており、不明瞭な話し方である語音症（Speech

表1-2　小児期発症流暢症（吃音）の診断基準（DSM-5）

A	会話の正常な流暢性と時間的構成における困難、その人の年齢や言語技能に不相応で、長時間にわたって続き、以下の１つ（またはそれ以上）のことがしばしば明らかに起こることによって特徴付けられる。 音声と音節の繰り返し 子音と母音の音声の延長 単語が途切れること（例：１つの単語の中での休止） 聴き取れる、または無言状態での停止（発声を伴ったまたは伴わない会話の休止） 遠回しな言い方（問題の言葉を避けて他の単語を使う） 過剰な身体的緊張とともに発せられる言葉 単音節の単語の反復（例：I I I see him）
B	その障害は、話すことの不安、または効果的なコミュニケーション、社会参加、学業的または職業的遂行能力の制限のどれか１つ、またはその複数の組み合わせを引き起こす。
C	症状の始まりは発達期早期である（注：遅発性の症例は成人期発症流暢症と診断される）。
D	その障害は、言語運動または感覚器の欠陥、神経損傷（例：脳血管障害、脳腫瘍、頭部外傷）に関連する非流暢性、または他の医学的疾患によるものではなく、他の精神疾患ではうまく説明されない。

Sound Disorder／注4）も含まれる表現です。一般的な「言語障害」の語のイメージは、むしろ語音症の方に近いのかも知れません。

言語症はあまり診断されていないと思われます。その理由としては、知的障害と診断されてしまっているか、生活の上では知的障害ほど問題が広範ではないので、医療の関与するケースが少ないのではないかと考えられます。

社会的（語用論的）コミュ

ニケーション症もあまり聞きなれない疾患かと思われます。この疾患は自閉スペクトラム症との鑑別が必要なので、次の自閉スペクトラム症の最後に述べることとします。

③　自閉スペクトラム症

自閉スペクトラム症は、ＡＳＤ（Autism Spectrum Disorder）の日本語名称です。ＡＳＤとは、「様々な状況での人と人とのコミュニケーションと相互作用が生来的（持続的）に障害されていること」と「行動・興味・活動の限局した繰り返し（パターン）」という二つの中心症状を満たす疾患です。「発達の凸凹があるためにしんどくなる」というのは、方便としては使うのもいいかも知れませんが、発達の凸凹が自閉スペクトラム症（ＡＳＤ）の診断の基準ではありません。

この中心像は、重篤さ、発達水準、年齢や環境によって様々な形で現われます。そして、諸条件によって「症状」が様々な形で現われるため、スペクトラム（一連のもの）という言葉が使われています。

また、疾患への上手な介入は、ＡＳＤの「症状」を覆い隠すことさえあるのです。

スペクトラムを正常と疾患とのスペクトラム（連続体）と誤って考えると、疾患自体が曖昧なものになる危険性があります。

また、注意欠如・多動症の傾向を併せ持つ人も少なくないので、そちらに目がいってASDが見逃されることも少なくありません。

コミュニケーション症群の社会的（語用論的）コミュニケーション症は、自閉スペクトラム症の中心症状の一つめに相当します。自閉スペクトラム症の中心症状の二つめの強迫的傾向は、最初ははっきりせずに経過とともに確認出来るようになることもあるので、社会的（語用論的）コミュニケーション症の診断は、しばらく経過を見てからの方がよさそうです。

④　注意欠如・多動症

英語の略語からADHD（Attention Deficit Hyperactivity Disorder）として知られている疾患ですので、本書でも特に必要な場合を除いてADHDと記すことにします。

ADHDは不注意、多動、衝動性を特徴とする疾患です。「不注意」、「多動」、「衝動性」という言葉は日常語でもあるので、ADHDとしての不注意、多動、衝動性を常に意識しておく必要があります。ちなみに、自閉スペクトラム症でも、ＡＤＨＤとは違ったメカニズムの「不注意」が見られますので、「不注意」があればＡＤＨＤと考えるのは早計です。

ＡＤＨＤの不注意は、仕事に集中出来ない、聞いていないように見える、物をなくすといったもので、多動や衝動性というのは、過度の活動、落ち着きのなさ、席に座っていられない、人がやっていることに手を出す、待てないなどです。

注意欠如・多動症は、注意欠如・多動症群とはなっていませんが、下位分類として、注意欠如・多動症、他の特定される注意欠如・多動症、特定不能の注意欠如・多動症があります。

ＤＳＭは操作的診断と言って、診断基準の一定の項目を満たせば、その診断名を付けることが出来るのですが、最初は情報が少なくて診断基準を満たさない場合があります。診断基準が不足していても、もっと情報が得られれば、おそらくＡＤＨＤだろうという時のために、後の二つの診断名が用意されています。その方が患者さんのためになるだろうということなのですが、ＡＤＨＤの過剰診断に繋がることにもなりかねないので注意が必要です。

⑤　限局性学習症

いわゆるＬＤ（Learning Disability）として知られている障害です。読み、書き、算数のいずれかの（複数もあり）学習能力に問題が生じている障害です。診断のためには、それぞれの能力を測定する検査と総合的な臨床評価などが必要となります。

学習が困難ならすぐにＬＤという訳ではありません。ＡＤＨＤが学習困難の原因にもなりますし、ＡＳＤ（自閉スペクトラム症）でも学習困難の原因になり得ます。知的能力障害群の場合に学習困難になることは想像に難くないと思います。

目が悪いのにメガネをかけていなかったり、聴力に問題があったりする場合も学習困難になります。読み、書き、算数の学習能力の問題以外での学習困難は、限局性学習症とは診断されません。

限局性学習症も、他の神経発達症と併存することは普通に見られることです。学習困難な子どもを見た時に、どの障害の要素が学習に影響しているかを注意深く見る必要があります。他の障害の影響が少なくなった後に、限局性学習症がはっきりしてくる場合もあります。

⑥　運動症群

この群に属する疾患は、発達性協調運動症、常同運動症、チック症群です。

発達性協調運動症は、協調運動（運動神経が鈍い、手先が不器用）の獲得や遂行に問題がみられ、同年代の子と比べて不器用だったり、動きがゆっくりで不正確であったりします。走る姿勢が変わっていたり、ダンスがぎこちなくなったりするかも知れません。以前はこの障害のために、大縄跳びにうまく入れずに悩んでいる子がよくいました。

常同運動症では、手をパタパタ動かしたり、身体を揺すったり、頭をガンガンぶつけたり、自分を繰り返し噛んだり、自分を叩いたりします。常同運動症は、繰り返しの運動で、衝動に駆られ、無目的にしか思えないような運動をする障害です。

チック症群は、トゥレット症（注5）、持続性（慢性）運動または音声チック症、暫定的チック症、他の特定されるチック症、特定不能のチック症があります。

それぞれの疾患の特徴はさておき、チックとは、突発的で急速な運動や発声で、繰り返しはするものの、周期的なリズムがないのが特徴ということだけ理解しておけばよいでしょう。

⑦　他の神経発達症群

神経発達症の診断分類の中のどの疾患の基準も完全には満たさない場合に用います。

以上、神経発達症群（図1－2）の疾患の名称と簡単な内容について見てきましたが、ここからＡＳＤを理解出来るかが、神経発達症群全体の理解にとって肝となることがわかると思います。また、ＡＳＤの中心に、言葉の問題が存在していることも重要な点です。人は言葉を通して物事を理解する訳ですから、その人の言葉はその人の在り方に大きな影響を与えます。言葉の問題を抱えていれば、生きづらさが生じることも想像に難くないでしょう。

言葉の問題については、次の章で述べることにします。

注1　「広汎性発達障害」　ＰＤＤ（Pervasive Developmental Disorder）と略される。ＤＳＭ－Ⅲより、この名称が使用される。診断基準にはＰＤＤが使用されたが、この名称を好まない人もおり、Autism Spectrum Disorder（ＡＳＤ）も使われていた。因みにＤＳＭは、Diagnostic and Statistical Manual of Mental Disorder の略。

注2　レット症候群　一九六六年にウイーンの小児科医・アンドレアス・レット（Andreas Rett　一九

二四〜一九九七）によって報告された疾患。五か月までは正常の発育で、それ以降に発達の種々の問題が生じる。外界からの刺激に対する反応が欠如し、筋緊張の低下がみられる。よく「おとなしく、よく眠る、手のかからない子」と表現されるが、「よく眠る」は要注意で、「日中の睡眠時間」が異様に長いことは、この疾患を見分ける一つの方法である。また、特有の手もみ動作（常同運動）がみられる。早期発見が望まれるが、見落とされることが多い疾患である。患者は全員女性（男性は胎生致死）。

注3　神経発達症群　ＤＳＭ－５であらたに定義された疾患名。「発達障害」という言葉は通称で、医学用語ではない。ただこの言葉は、我が国では長く使われてきたので、一般的には「発達障害」の方が通りやすい。本書では、叙述でもタイトルにも「発達障害」の通称を用いた。

注4　語音症　特異的会話構音障害、語音障害とも言う。語音症とは、その名称が示すように「音」＝「発音」に問題が生じている疾患。言葉の意味は解するが、相手の言葉に応えて「話そうとする時」、うまく発音出来ないという症状を呈する。「発音」の問題は、「構音器官」と呼ばれる「顎」「舌」「唇」――会話のための器官――を正常にし、呼吸・発声を整えることなどで解決することがある。それがうまくゆくと、「言葉の組み立て」も自然に出来るようになる。

注5　トゥレット症　一八八五年にフランスの神経内科医、ジョルジュ・ジル・ド・ラ・トゥレット（Georges Gilles de la Tourette　一八五七〜一九〇四）によって報告された疾患。チック症群の一つで、「音声チック」に「運動チック」を伴う。多くは六歳頃の男児に発症。症状は首振り・まばたき・咳払いなどの「運動チック」を繰り返す。「音声チック」では「汚言（暴言・卑猥な言葉）」もみられる。チックは多く自然寛解するが、この疾患は十歳以後も持ち越す場合がある。治療は早期診断による「薬物療法」もあるが、必ずしも有効ではない。

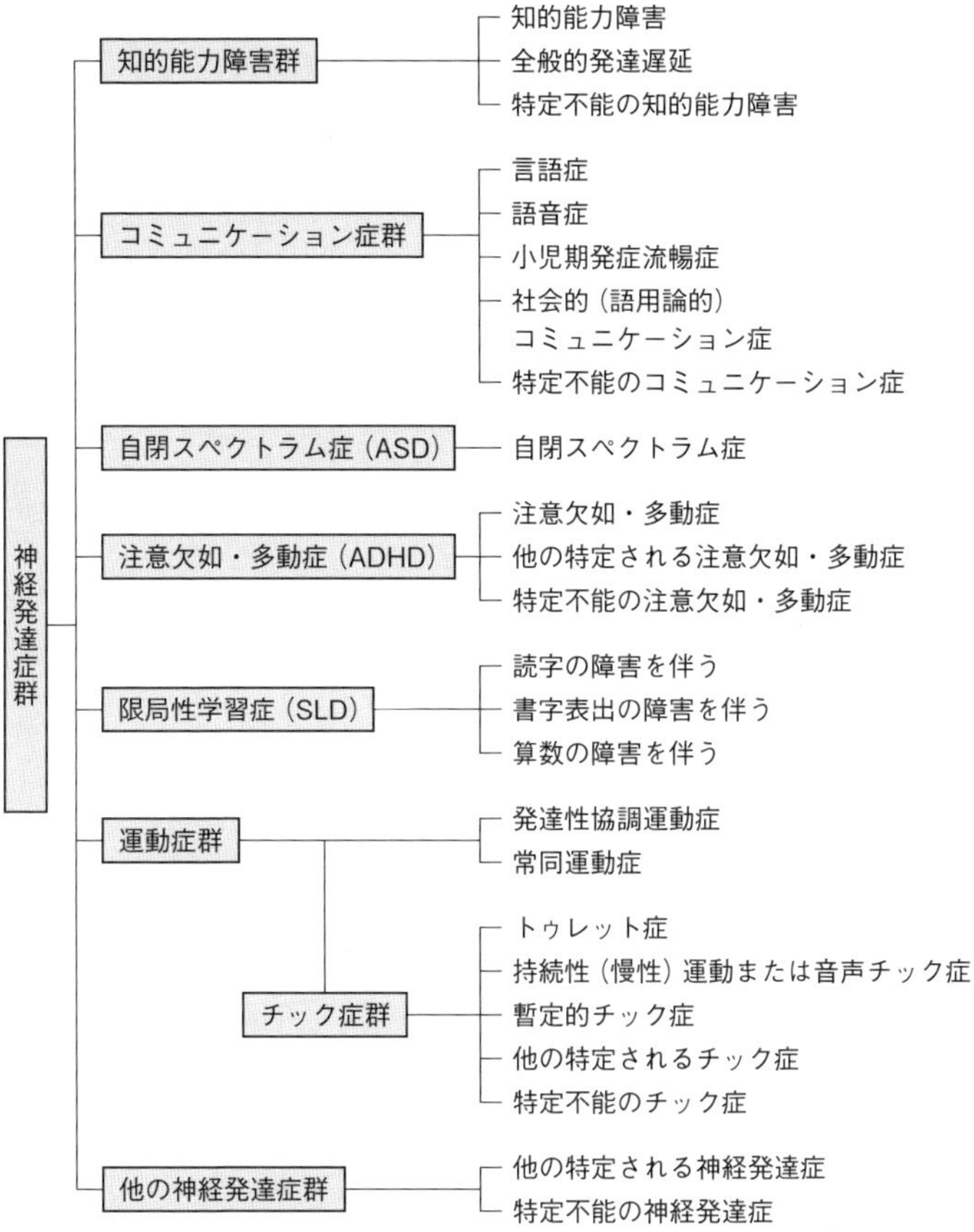

図1-2　DSM-5における神経発達症群（発達障害）の分類
「神経発達症群」はDSM-5から新設された。

保育園と幼稚園の違い

	保育園	幼稚園
目的	日々保護者の委託を受けて、乳児または幼児を保育する	幼児を保育し適当な環境を与えて、その心身の発達を助長する
保育年齢対象	０歳から小学校入学前までの乳児や幼児	３歳になった春から小学校入学前までの幼児
標準的な保育時間 ＊施設ごとに異なる	７時半～18時頃までが標準。保育時間８時間	９時～14時頃まで（延長なしの場合）。標準保育時間４時間
保育料	自治体が保護者の所得状況に応じて設定	私立は設置者が設定 公立は自治体が設定
給食の有無	義務	任意
先生の必要免許	保育士資格証明書	幼稚園教諭免状
所管	厚生労働省	文部科学省
根拠法令	児童福祉法	学校教育法

第二章

発達障害の影

言葉の問題に潜むＡＳＤ

精神科の病気に限ったことではないのですが、まず患者さんの言うことをよく聞かなければ話が始まりません。そして話を聞くことの大切さは、就学前の子どもでも変わりはないのです。語られる内容はもちろんのこと、話を聞きながら言葉の発達も同時に評価するのです。言葉が出ないとわかっている子どもに対してでも、呼び掛けに対する反応などを見るために、必ず話し掛ける必要があります。話す、語る、つまり声を出すということは、とても大切なことです。

以下、症例を挙げて、「言葉の発達」と自閉スペクトラム症（ASD）の関係を見てゆきましょう。

症例1　喪失体験が引き起こすもの　一郎くん　四歳

頻尿とASD

瀬戸内海に面した地域の総合病院に勤務していた時のことです。

この年に来た台風で、地元のお年寄りも経験したことのないことが起こりました。巨大台風がちょうど大潮の時間に通過しました。最も潮位が高くなったところで、台風の低気圧で海面が引き上げられたために、市内に海水が流れ込む事態が発生しました。特に沿岸部では多くの家が床上浸水したり、電子制御の高級車が何台も被害を受けたりしました。一郎くんの家も、床上浸水の被害を受けた家屋の一つです。

一郎くんは、床上浸水したあとから「恐い、恐い」とよく言うようになり、台風の後から昼間は五分から十分ごとにおしっこに行くようになったということで、私の勤務していた病院の小児科を受診したということでした。そして小児科から精神科を紹介され、一郎くんを診察することになりました。

恐怖と頻尿

紹介状を見ると、台風の恐怖の影響で恐がっているのをお母さんが心配して、病院を受診されたのかと思いました。

話を聞いてみると、「恐い、恐い」というのは、床上浸水の直後だけで、今は言わないとのことでした。ご飯もよく食べているし、夜もいつも通りぐっすり眠れているようでした。お母さんは、トイレは我慢させた方がよいのか、行きたい時には行かせた方がよいのかを知りたくて受診したようでした。

ただ、「恐い」というのは気にされていませんでしたが、今までよく遊んでいた友だちと遊ばず、引きこもりがちになっていたのは気になっていたようです。

頻尿に関しては、もともと外出するとトイレの回数が増えて、特に病院に来るといつもトイレにばかり行くようでした。台風の後は、幼稚園でトイレに行く回数が増えたようですが、家ではいつもとほとんど変わりませんでした。一郎くんは、診察中も何度かトイレに通いましたが、お話はよくしてくれました。

一郎くん自身も、もう恐いことはないと言いますが、悲しいことはあったと言います。実は、いつも仲よく遊んでいた友だちが、台風の頃に親の実家に行ってしまって、数週間会えなかったようでした。それで引きこもっていました。また、大切にしていたミニカーが床上浸水の後片付けのために捨てられてしまって、「残念、残念」と言っていました。

結局、台風の時の恐怖体験が問題ではなく、その時の喪失体験に問題があったようです。

友だちが実家から帰って来たので、一郎くんは再び友だちと遊ぶことが出来ました。そして一郎くんの大切なおもちゃを捨ててしまったことを、お母さんはちゃんと一郎くんに謝りました。

おしっこは行きたい時に行くようにしてもらいました。不安や緊張で頻尿になっても、おしっこは何回も通うものですから、止める理由はありません。こうして、再び元の元気な一郎くんに戻ったのです。

言葉の発達　　自閉スペクトラム症の肝

一郎くんには、言葉の発達の問題は見られませんでした。語用論的にいえば、三歳から四歳頃は目の前のことだけでなく、過去と未来についての話をすることが増えてくる時期です。一郎くんも、しっかりと台風の時のことを話してくれました。「しっかりと」というのは、言葉数や言葉の意味の理解、文法的な構造、発音などから、四歳児として申し分のない言葉の使用を意味します。診察の場で「話してくれる」ということからは、コミュニケーションや対人相互反応も問題なさそうです。

言葉の発達の理解は、コミュニケーション症群はもとより、自閉スペクトラム症にとっても肝になる部分です。神経発達症群の疾患はオーバーラップしていることが珍しくありませんから、神経発達症群の理解には必要不可欠なものであることは明らかです。

ここで、言葉の発達として、言語発達、コミュニケーションや対人相互反応の発達を合わせて見てみることにします。

発達には個人差がありますが、言葉の発達に関しては、ほとんど個人差がないと言われています。成長するにしたがって、ほぼスケジュール通り言葉の能力を身に付けていくのです。ただ、きちんと発達している場合でも、上手く喋れなかったり、ほとんど話さなかったりする場合もあります。正確に言えば、内的言語の発達には、ほとんど個人差がみられないということになります。

○歳から一歳頃

赤ちゃんは、生まれた瞬間からコミュニケーションの扉を開きます。生まれたての赤ちゃんでさえ、大人の注意を引き付ける行動をするのです。

生まれたての赤ちゃんは、人に注意が向くようになっています。音に関しても、人の声の周波数を好みます。声の出所を探して、声の出所がわかれば嬉しそうな顔の表情をします。生まれて三日目の赤ちゃんはお母さんの声を、他の女性の声と区別出来ると言います。それはお腹の中でお母さんの声を聞いているからだそうです。

また、赤ちゃんは身体の部位でいえば顔の方に注意が引き付けられるようです。赤ちゃんのこれらの行動は単なる生き物としての反応なのですが、親としては嬉しくて、赤ちゃんが意思をもって親に接していると勘違いしてしまいます。しかし、それは必要な勘違いで、この「親バカ」が子どもを育てます。

会話の受容も早い時期から始まります。赤ちゃんは生まれて数週間で、パとバ、タとダ、バとガなどを区別します。六か月までには、反応する音と無視する音を区別するようになります。一歳の前までは語自体は理解出来ないのですが、鋭く大きな声で言われた言葉に反応し、今行っている行動を止めたりします。これは「ダメ」という言葉の意味を理解して行動を制止するのではなくて、感情的な声のトーンに反応して制止するのです。そして、一歳までには音が意味を持ったまとまりとして受け入れられるのです。

ここで周りが日本語を話す環境なら、日本語に使われる音と使われない音を区別するようです。そして、自閉スペクトラム症の人の中には、母国語の音のパターンに対する注意や関心が低下している場合もあるという指摘もあります。またこの時期から、「犬」とか「机」などといった意味を持った語と、「その」とか「あの」という文法的な語との分類も始まります。言葉が出るまでに、赤ちゃんの頭の中は大忙しです。

言葉が出るまでには、コミュニケーションや対人相互反応にとって重要な発達が見られます。赤ちゃんは一歳までには、親が見たり、親が指を差したりする物を目で追うことが出来るようになります。このように親と子どもがある物に一緒に注意を向ける相互作用を「日常的な共同注視」と言います。これは発展して、「話し手」が「話し相手」の注意の焦点がどこに向いているかを認識して、互いに興味のある物や出来事に「話し相手」の注意を向ける、いわゆる「共同注意」と言われる能力になります。自閉スペクトラム症では、共同注意が問題である場合がみられます。

一歳までの子どもは、親が思っているほど言葉を理解していません。八か月から一歳ぐらいまでの子どもは、周りの状況を見て、少しだけ言葉を理解します。例えば、お母さんが子どもに、「ボールをとって、お母さんのところに投げて」と言ったとしましょう。子どもは、お母さんが見ている物（ボール）を見て、お母さんの見ている物に向かって

表2-1　指差しの発達

指差しの種類	年齢	内容
興味の指差し	10〜11か月	興味のある物を指差す。相手がいないこともある。
要求の指差し	10〜14か月	自分の欲しい物を取るように相手に要求をする。要求伝達が主目的である。
叙述の指差し	12〜18か月	自分が気になった物を相手に知らせ、相手に見ることを求める。「共感の指差し」。
応答の指差し	18か月	相手からの質問に対して答えるための指差し。「可逆の指差し」。

移動します。そしてお母さんの投げる動作を見て、ボールを投げます。そんな具合ですからボールはあらぬ方向に飛んでいくこともありますが、お母さんのところにボールが飛んでいこうものなら、言葉を理解していると思ってお母さんは大喜びです。しかし子どもは、お母さんの言葉を理解して行動しているのではなく、お母さんの見ている物に対して、お母さんの動作の真似をしているだけです。でも、この「親バカ」も必要なものなのです。「指差し」もこの頃から始まります（表2－1）。

一歳頃になると、最初のはっきりした言葉が出るようになります。そして周りの助けを借りてですが、言葉の意味を理解し始めます。

「ボールを取って、お母さんのところに投げて」と言うと、床に転がっているおもちゃの中からボールを選んで、お母さんの方へ投げてくれます。いつもやっていることをやってくれる訳ですが、言葉を介した行動になっていきます。また一歳では、名前を呼ぶと反応するのが普通です。この「呼名テスト」に合格しないと自閉スペクトラム症という訳ではありませんが、その可能性を頭に入れておかなければなりません。

一歳半から五歳頃

一歳半になると、五十から百語ぐらいの言葉を話すようになり、「言葉の爆発」が始まります。この時期の子どもは、身の周りにある物の名前を何でも聞きたがり、覚えもすごく良くて、一回聞いただけで覚えてしまうことも珍しくありません。この段階では、目の前にない物に対しても、言葉だけで理解するようになります。一歳半から二歳では、お母さんが「ボールを箱に入れて」と言うと、言葉だけの指示に従って、ボールを箱に入れることが出来るようになります。また、話しかけられたら答えるという「会話の義務」を理解し始める頃です。

二歳では二語文を話すようになります。色々なことを質問するようになり、言葉のやり取りが増えてきます。

三歳から四歳頃には、過去や未来の出来事についても話し始めます。最初は、過去はまとめて「昨日」という言葉で、未来はまとめて「明日」と言ったりして、「昨日」の話や「明日」の話をするようになります。時間の広がりとともに、想像したり、相手の気持ちになったり、少しまとまった話が出来たりと、コミュニケーション能力の広がりが見られます。

四歳ぐらいからは、論理的に考えたり、先の予測をしたり、交渉したり出来るようになります。小学校からは言葉がどんどん洗練されていくことになりますが、就学前で必要な言葉の機能は一通り出揃った感があります。

私の経験上、五歳頃から死への不安など、死に関するテーマを持ち出す子どもが見られます。親としてはびっくりして不安になるのですが、しっかりと言葉が発達した証ともいえます。

症例2 身体症状と精神症状との関係

二郎くん　五歳

二歳九か月の検診

もう一つ大事な「声」は身体の声です。「身体が悲鳴をあげている」とはよく言ったもので、身体の悲鳴（身体症状）に耳を傾ける必要があります。

二郎くんは、一歳九か月の健診の時に、人見知りが強い、奇声を発する、手づかみをしない、新しいおもちゃや環境に慣れにくいなどの問題が見られていたので、子育て総合支援センター（注1）に通うようになりました。二歳〇か月からは二、三歳向けの小集団の療育に参加しています。二歳九か月には、両親の希望で地元の大学病院小児科を受診して、自閉スペクトラム症ではないかということで、その後も経過観察されていました。

二郎くんは暑さが苦手で、毎年夏になるとよく脱水症状を起こして点滴を受けていました。また、よく便秘にもなって、そのために浣腸をすると、今度は下痢になってしまいます。便秘と下痢を繰り返していたので、二郎くんにとってはウンチをするのも恐《おそ》る恐《おそ》るです。

私の外来を受診したのは、幼稚園年中組の終わりに近い三月のことでした。その年の一月は、嘔吐と下痢が特にひどくて、それから自分の体調について強く気にするようになりました。食べるとお腹が張らないかどうかを心配したり、ちょっとお腹の調子や体調がいつもと違ったりすると不安になります。バイキンを神経質に恐れたり、食べ物の賞味期限もひどく気にしたりします。また人ごみで風邪をうつされることを極端に恐れるようになりました。

抗不安薬で身体症状は落ち着いたが

ご両親は、「体調崩して、ごめんねお父さん、ごめんねお母さん」という二郎くんの言葉を聞いて、自分たちに過度に気を遣う息子がかわいそうで、何か手立てはないものかと子育て総合支援センターに相談しました。そしてセンターに勧められて私の外来を受診しました。

初診時には、幼稚園には通うことが出来ていましたが、幼稚園のことを聞くと、「幼稚園には悪者がいる」と言ったり、「ざわざわするのが嫌」と言ったりしていました。

そこで抗不安薬を少し飲んでもらうことにしました。おおよそ一か月後には、お腹の調子も悪くなることはなく、便秘や下痢もなくなりました。以前のような強い不安もありません。年長組になって楽しく幼稚園にも通うことが出来ました。夏になっても脱水症状になることはありません。九月頃には身体の方はすっかりよくなって、その代わり「こだわり」が目立つようになり、「自閉スペクトラム症らしく」なってきました。

小学校は支援学級に通うことになり、新学期は順調な滑り出しでした。

身体症状　「こころ」と「からだ」

身体の声に耳を傾ける

二郎くんは毎年のように体調を崩していました。便秘と下痢を繰り返し、吐き気もしばしばみられたりして全体の体調もすぐれません。このような身体症状がある時は、子どもなら小児科、大人なら内科で診てもらうのは当然のことですが、身体的な原因がはっきりしない時には、少し見方を変える必要があるかも知れません。その身体症状は「こころ」の悲鳴であるかも知れないからです。

ごく一般的な経験として、慣れない大勢の人の前で話をしたり、大舞台の前では、緊張してお腹が痛くなったり、吐き気がしたりすることがあると思います。そんな経験をしたことがない人でも、それは十分あり得る話だと想像が出来ると思います。他にも心臓がドキドキしたり、手に汗をかいたりするなどの身体症状がみられます。

このような症状は自律神経系の働き（図２－１）によるところが大きいのです。自律神経系は脳の視床下部のところにある部位によって神経性に支配されていて、目、唾液腺、心臓、血管、肺、肝臓、胃、副腎、膵臓、腸、膀胱、生殖器に繋がっています。考えてみたら当たり前の話なのですが、「こころ」と「からだ」は切り離して考えることは出来ないのです。

自律神経系には交感神経系と副交感神経系があり、交感神経系は「闘争か逃走か(fight-or-flight)」の時に働き、逆に副交感神経はリラックスしている時に働く神経と理解してよいでしょう。二郎くんの身体症状は、交感神経系が優位に働いている状況です。

ストレスは自律神経系を介してだけでなく、ホルモンや免疫系などを介しても「からだ」に影響を及ぼします。自閉スペクトラム症は、対人関係でストレスを生じやすい疾患ですから、常に身体の声に耳を傾けておかなければならないのです。

	副交感神経の働き	交感神経の働き
①目	瞳孔収縮	瞳孔散大
②唾液腺	さらさらの唾液	粘液性の唾液
③心臓	拍動抑制	拍動促進
④血管	血圧降下	血圧上昇
⑤肺	気管支収縮	気管支拡張
⑥肝臓	胆汁分泌	グリコーゲン分解
⑦胃	消化促進	消化抑制
⑧副腎	ホルモン分泌抑制	ホルモン分泌亢進
⑨膵臓	膵液・インスリン分泌亢進	膵液・インスリン分泌抑制
⑩腸	ぜん動促進	ぜん動抑制
⑪膀胱	収縮	弛緩
⑫生殖器	性ホルモン分泌の亢進	性ホルモン分泌の抑制

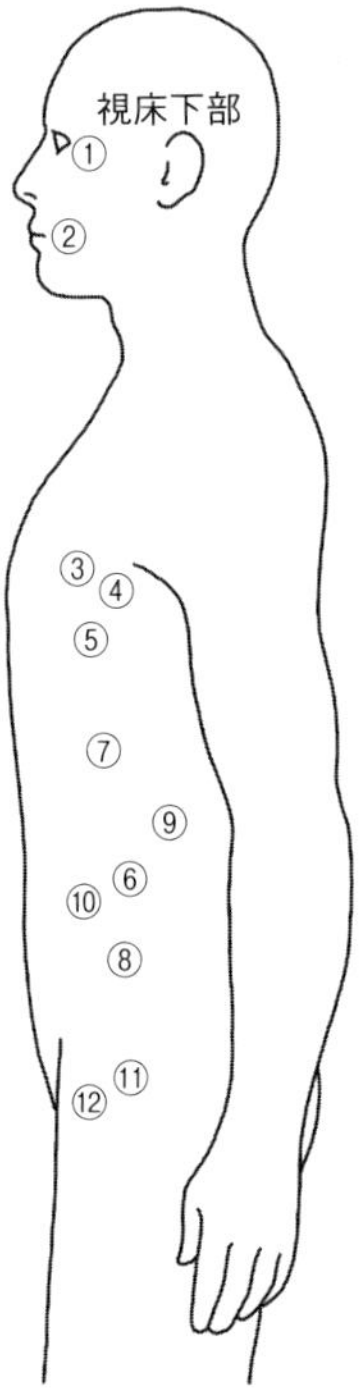

図2-1　自律神経系の働き

自律神経には交感神経系と副交感神経系がある。交感神経系は、主に「イライラ」したり、緊張したり、焦っている時に働き、副交感神経系はリラックスしている時に働く。

不安の身体症状

就学前の子どもで特に知っておくべき身体の声は、不安の身体症状です。不安は人間の根源的な情態で、赤ちゃんの頃から見て取れることもあります。ベッドに寝かそうとすると子どもが泣き喚《わめ》くので、ほとんど抱っこしっぱなしのお母さんのエピソードなどはそれに当たるでしょう。

幼稚園に上がる頃からは、不安の身体症状が具体的に見えてきますので、よりわかりやすくなります。

不安の身体症状を診るに当たっては、DSM－5のように不安（anxiety）を恐怖（fear）と心配（worry）に分けてみると理解しやすいように思います。

恐怖に対しては、身体は戦うか逃げるかの準備をします。ドキドキが強まったり（心拍数の上昇）、血圧が上がったり、汗をかいたりするなどの状態です。

心配は、将来起こる脅威に対する予期で、身体の方は先の危機に構えようとします。表情がこわばって身体が硬くなったり（筋緊張）、よく眠れなかったり（覚醒）する状態です。

不安の症状が酷くなると、次のような不安発作が見られるようになります。

①　心悸亢進、心拍数の増加。
②　発汗。
③　身震い、震え。
④　息切れ感、息苦しさ。
⑤　窒息感。
⑥　胸痛、胸部不快。
⑦　嘔気、腹部不快感。
⑧　めまい感、ふらつき感、くらくらする。気が遠くなる。
⑨　冷感、熱感。
⑩　感覚異常（感覚麻痺やうずき）。
⑪　現実喪失感、離人症状。
⑫　コントロールを失うことや気が狂うことへの恐怖。
⑬　死ぬことへの恐怖。

身体に不安の症状が出ると、また同じような症状が出るのではないかと不安になります。不安が不安を誘発するといった悪い循環に陥りがちです。この悪循環を断ち切るためには、お薬（抗不安薬など）の力を借りることも重要な選択肢です。

二郎くんも抗不安薬を服用することで、数年来の症状からたちまち解放されました。子どもへの投薬は意味もなく躊躇されることが多いように感じますが、薬を上手く使って一日も早く健全な成長のための身体のコンディションを整えてあげることが大切です。また自閉スペクトラム症を持つ人には、強い不安を持つ人が珍しくありませんから、不安の身体症状は自閉スペクトラム症を疑う糸口にもなるのです。

注1　子育て総合支援センター　地域の子育て家庭の育児支援を目的として設立された。厚生労働省の管轄。実施主体は市区町村。「地域子育て指導者」と、その補助をする「子育て担当者」が配置されている。具体的には、看護師、保健師等がこの任に当たる。

第三章

レオ・カナーと自閉症

十一症例の分析

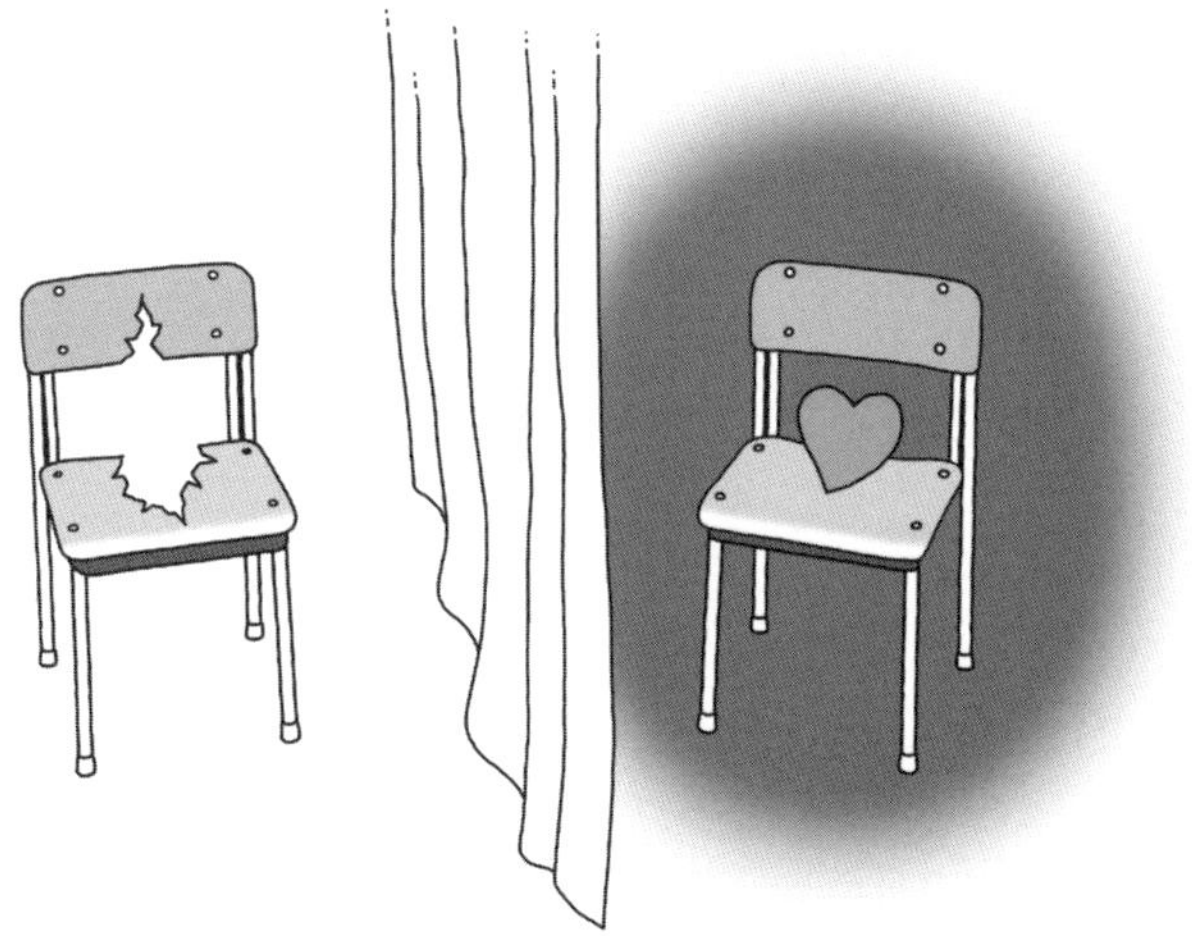

カナーとアスペルガー

自閉スペクトラム症の元祖は、アメリカの児童精神科医カナー（Leo Kanner／注1）とオーストリアの小児科医アスペルガー（Hans Asperger／注2）です。二人は全く面識がないのですが、ほぼ同時期にともに「自閉的」な子どもの症例をまとめて発表しました。

一九四三年に、カナーは、人との感情的な触れ合い（affective contact）の子どもの能力についてシンポジウムで発表しました。演題は「感情的な触れ合いの自閉的障害（Autistic disturbances of affective contact）」です。

アスペルガーの方は、一九四三年に受理された「児童期の自閉的精神病質者（Die "Autistischen Psychopathen" im Kindesalter）」という論文です。そして偶然にも、ともに表題には「自閉的（autistic/Autistisch）」というブロイラー（Eugen Bleuler／注3）からの用語が使われています。「自閉」は統合失調症の一つの特徴を表わす言葉なのですが、さしあたり「内的世界が優位な状態」と理解しておくとわかりやすいと思います。

カナーの十一人の子どもたち

アスペルガーについては第二巻に譲り、ここではカナーの症例について見てみることにします。カナーは先の演題で十一症例を提示しており、初診が二歳から八歳までの子どもの症例なので、本書が扱う年齢に適しています。もちろんカナーがまとめた特徴が、この年代の自閉スペクトラム症のすべてを表わす訳ではないことは言うまでもありませんが、カナーはこのシンポジウムの目的にかなった症例を選んでいるはずです。

「知能」検査

先のシンポジウムが開かれた背景を見てみましょう。カナーが述べるところによると、長らく認知的な能力に重きを置いて、「こころ（mind）」が往々にして「知能（intelligence）」と同じに考えられていたと言います。

したがって、この認知的な能力をいかにして測るかという「知能」検査の発展に、科学的努力が注がれました。心理学、教育、そして児童心理学でさえ、ある程度はＩＱ（知能指数）尊重の流れに支配されていました。統合失調症も早発性「痴呆」という知能に関する状態という見方です。

感情的な触れ合い

一九〇〇年代に入って、そこから脱却しようとする動きが見られるようになりました。家族関係や対人関係一般、特定のライフイベントに対する情動反応、対人関係の希求や充足が、重大な研究対象になりました。こうした流れの中で、このシンポジウムは、人との感情的な触れ合いを考えることをテーマとしています。そして、感情的な触れ合いを形成する能力は、果たして生まれ付き同一なのかという問に関して、複数の講演者がそれぞれの立場から発表しています。

「発達検査」

ところで我が国の「発達障害」の事情を見ると、知能検査を「発達検査」と呼んで、「発達検査」をすれば発達障害かどうかがわかると誤解している人が多いように感じます。しかも就学前においては自閉スペクトラム症の知能検査の評価が難しいこともあり、自閉スペクトラム症であっても問題ないと言われたり、グレーゾーンと言われたりして、支援に繋がるチャンスを失ってしまうことが、しばしば見受けられます。こういった意味でも、感情（または情動）を意識したカナーの症例に触れておくことの意味は大きいと思われます。

十一の症例

それでは、カナーの考察について見てゆきましょう。

カナーの十一症例の内訳は、男児八人と女児三人です（表3－1）。それぞれの障害の程度、特徴の現われ方、家族の状況、発達の経過は異なりますが、ざっと見てみても根本的な共通の特性が見て取れます。

この十一症例に共通して目立っている「疾病的」特徴は、これらの子どもたちは、周りの人や状況に普通に関わる能力が生まれ付き欠けているということです。これらの症例記述の中で、親たちは次のような表現をしています。それは、「自分だけで充足している」、「殻に閉じこもっているよう」、「独りでいるのが一番幸せそう」、「周りに誰もいないかのように振る舞う」、「自分のことを全く気に留めない」、「沈黙する賢者のような印象を与える」、「催眠術を掛けられたかのように行動する」などです。

最初から、極度の自閉的な孤独（extreme autistic aloneness）があり、そのために外からの刺激を可能な限り無視するのです。そして身体に直接触ったり、触ろうとしたりす

表3-1　カナーの11人の子どもたちの「症例初診年齢」

Case 1	ドナルド（Donald）5歳
Case 2	フレデリック（Frederic）6歳
Case 3	リチャード（Richard）3歳
Case 4	ポール（Paul）5歳
Case 5	バーバラ（Barbara ）8歳
Case 6	バージニア（Virginia）不明（5歳頃から10歳頃の間）
Case 7	ハーバート（Herbert）3歳
Case 8	アルフレッド（Alfred）3歳
Case 9	チャールズ（Charles）4歳
Case 10	ジョン（John）2歳
Case 11	イレーヌ（Elaine）7歳

ると、孤独を破るものとして恐怖に感じるのです。音に対しても同じです。そういう時にはなかったものとして振る舞うか、もはやそれどころでない場合には、嫌な邪魔者として苦痛で憤慨してしまうかのどちらかです。

抱っこ

また赤ちゃんの時の抱かれ方にも問題があります。平均的な子どもは、最初の数か月で抱いてくれる人の身体に体勢を合わせることを覚えるのですが、この症例の子どもたちは二、三歳になってもそれが出来ませんでした。

例えばこの症例のなかで、三歳二か月の男児ハーバート（Herbert）は、お母さんが「抱っこしようね」と言って腕を広げても無反応です。

抱っこはさせてくれますが、まったくの受け身で「小麦粉のつまった大袋」のようです。

オウム返し

話す能力についても問題があります。十一人のうち八人は、普通の年齢か、少し遅れて言葉が出ていますが、あとの三人は緘黙《かんもく》（注4）です。言葉が出た子どもも、他人に何かの意味を伝えることに関しては時間を要しています。コミュニケーションという言葉の機能に関しては、八人の話せる子と三人の緘黙の子には基本的な差はありませんでした。

丸暗記（機械的記憶〈rote memory〉）は目を見張るものがあります。動物の名前や植物の名前などをよく知っていたりするのですが、言葉をコミュニケーションに役立てようという気はありません。丸暗記が得意なので、詩、動植物の名前、作曲家と作品のタイトルなどを親が子どもたちに覚えさせようとします。しかしそれによって、言葉は、コミュニケーションのために使用するのではなく、自己充足的で、意味や会話としては無価値なものになってしまいます。

二語文、三語文が出るようになっても、聞いた言葉のオウム返し、即ち反響言語

(echolalia)が長い期間見られる子どもがいます。オウム返しは聞いた言葉を直ちに返すのですが、「保存して」いるようにして後から言葉となることがあります。これを遅延反響言語(delayed echolalia)と言います。

ある子は、「はい」という言葉を一般的な意味でなく、独特の意味で繰り返し使っていました。その子の父親が肩車をする時に、その子に肩車をして欲しいか聞いていたので、「はい」という語は肩車をして欲しいという意味になったのです。「はい」を一般的な意味に使うのには時間がかかったようです。

同じ型の文字通り性(literalness)は前置詞にも見られます。日本語には前置詞がないのでわかりにくいのですが、「字義通り性」という言葉は知っている方も多いと思いますので、少しだけ触れておきます。

症例のアルフレッド(Alfred)が絵を見せられて、What is this pictures about?(この絵には何が描かれているの?)と聞かれて、People are moving *about*(人々が動いている)と、必要でない *about* を形式的に引き継いで答えたという話や、ジョン(John)はPictures on the wall と言わずにPictures near the wall(注5)と言ったというような話などが紹介されています。

その話に引き続き、語の意味に柔軟性がなく、最初に獲得した語の意味でしか使うことが出来ないということが述べられています。

「あなた」とは「自分」のこと

カナーは、人称変化の問題も反響言語と関連して指摘しているのですが、日本語と英語の違いがあるので想像しにくいかも知れません。相手が自分に話し掛ける時に、相手は自分のことを「あなた（you）」というので、自分のこと（自分を示す人称代名詞）をIでなくてyouというのです。この現象も、即時に正しい文を作ることが難しいのと、反響言語が影響した表現です。また、会話の抑揚も保存されます。

聞いたことにオウム返しをすることは、話し掛けられたことに耳を傾けているとは言えないのです。数知れないほど話し掛けて、やっとオウム返しで返してくれることがしばしばで、最初は耳が聞こえてないのではと思うほどです。子どもに外部からもたらされるすべてのもの、子どもの外部環境、時には内部環境を変えるすべてのものが、彼らにとって恐しい侵入者なのです。

いろいろな侵入者

食物も早い時期から子どもにもたらされる外からの侵入者です。そのためミルクを飲んでくれなかったり、吐いたりします。

大きな音や動く物も恐怖をもたらす侵入者です。三輪車、ぶらんこ、エレベーター、掃除機、流水、ガスバーナー、動くおもちゃ、泡立て器、また風さえもパニックを起こす原因になります。

また、例えば掃除機が嫌いなら、掃除機をしまっている押し入れにも近づくのを嫌がったりします。注射や聴診器での診察も重大な感情の危機を引き起こします。しかし自分の孤独を邪魔する音が嫌でも、自分が喜んで大きな音を立てることがあります。物についても、自分が動かしたくて動かすことがあります。

しかし、その音や物の動きは、言葉の繰り返しと同じように、単調な繰り返しなのです。子どもの行動を支配するのは、同一性（sameness）の維持に対する強い欲求です。その欲求は、不安から来る自分でも逆らえないような欲求です。しかも同一性の維持を破るのが、他の誰でもなく自分であってもならないのです。したがって活動の多様性には著しい制限がかかることになるのです。家具の配置、毎日行う行動の順序などの変化によって、子どもたちは奈落の底に突き落とされます。

例えば、症例のジョンは、引っ越しで家具の配置が変わったので、酷いパニックを起こしてしまいました。しかし以前と同じ物で同じ配置にすれば、何事もなかったかのように落ち着いてしまいました。

同一性へのこだわりは、壊れた物や不完全な物を見た時の混乱にも繋がります。症例のチャールズ（Charles）は、いつも通る駐車場の入り口のバーが壊れているのを見てパニックになってしまいました。そして何週間もそのことを話し続けました。その間に数日、別の街で過ごしたのですが、その時も壊れたバーのことを話していました。

部屋の天井の壊れている所を見付けた子は、誰が壊したのか心配そうに繰り返し尋ねるのですが、どんな答をしても落ち着きませんでした。別の子の場合は、帽子を被っている人形と、帽子を被っていない人形を見付けて混乱してしまったのですが、なくなった帽子を見付けて人形に被せてあげると落ち着きました。そして帽子を被せるとすぐに二つの人形には見向きもしなくなりました。

変化、不完全さへの恐れ

変化や不完全さを強く恐れることは、単調な繰り返しや、その結果として自発的な行動の多様性が損なわれることの説明の重要な要素と思われます。ある状況や行動、またある文が、最初に出会った時と寸分違わないことなどは、あり得ないのですが、ちょっと違っただけでも全く違ったものになるのです。それで受け入れることが出来ず、耐えられなくて憤慨したりします。

無我夢中

構成要素の細部まで注意が行き過ぎて、全体として捉えられないことは、読み書きにも問題が生じることがあります。症例のドナルド（Donald）は、「bite（噛む）」という語がなぜ「bight」というように綴られないかで混乱してしまいます。「bite」の発音から、「light」と比較して「bight」と書く方に一貫性を感じているからだと思われます。

外観や置いてある場所に変化がない物、同一性を保持している物、自分の孤独に侵入する恐れのない物は、自閉的な子どもには受け入れられやすいのです。物との関係は良い関係で、そういう物には興味を持ち、それで何時間も楽しく遊ぶこともあります。それらの物との関わりでは、疑いのない力と支配の満ち足りた感覚を持ちます。

症例のドナルドとチャールズは一歳になって、その力を物を回すことに使い始めます。回りそうな物は何でも回し、回っている間は無我夢中（ecstasy）で飛んだり跳ねたりします。また自分の身体に対しても同じ力を行使して、回転したり他のリズミカルな動きをしたりします。これらの行動とそれに伴う異常に高揚した熱情は、自己陶酔的な極度の興奮の満足（masturbatory orgastic gratification）の存在を強く示しています。

人を「物」として見る

人との関係は、今述べたような「物」との関係と全く異なります。例えば、部屋に入ってきた子どもは、そこにいる人には見向きもせずに、すぐに置いてあるおもちゃや積木などを触りに行きます。人の存在に気付かないかのようです。邪魔をしなければ、人はその部屋の机や本棚と同等です。人には全く反応しないか、しつこく質問された時には、やっつけ仕事のように答えるか、やっていたことをやり続けるかです。

人が出入りしても、たとえそれがお母さんであっても気に留めません。部屋の中で交わされている話には全く興味を持ちません。大人が自分の領域に踏み込まないようにしていると、間に入ってきて、机や椅子を触るように手や膝に優しく触れることがありますが、その時も顔は見ません。大人がむりやり必要なものを取り上げたりして邪魔をすると、暴れたり邪魔をした手足に怒りを向けます。人の一部である手足ではなくて、手足そのものに腹を立てるのです。そして物を元の状態にすると、嘘のようにおとなしくなります。ピンで刺された時には、ピンを刺した人を恐がるのでなくて、ピンを恐がります。

生身の人間より写真の中の人

診察室で見られた人との関係は、家族や他の子どもとの関係でも同じです。お父さんやお母さんが、一時間とか一か月とか家を離れて帰ってきても、気付く様子はありません。子どもの集まりの中でも、「よそ者のように」振る舞います。他の子どもたちとは一緒に遊ばずに独りで遊びます。周りにいる子どもたちとは、言葉も交わさず、身体も当たらないようにします。

生身の人間との関係より、写真の中の人との関係の方が良い関係です。写真は邪魔をしないからです。症例のチャールズは雑誌の広告に載っている一人の子どもの写真がお気に入りです。イレーヌ（Elaine）は、動物の写真がお気に入りなのですが、生きている動物には近寄りません。

同一性保持への強い欲求

カナーは症例の中から様々な特性を取り出しています。そして人や物との関係のみならず、言語との関係においても、それらの根本にあるものは、同一性の保持の強い欲求であると言います。このカナーの指摘は、現在の自閉スペクトラム症理解にも大いに役立つのではないでしょうか。

注1　レオ・カナー（一八九四～一九八一）オーストリア＝ハンガリー帝国のクレコトフ、現在のウクライナに生まれる。オーストリア系アメリカ人。精神科医。一九一三年よりベルリン大学で医学を学び、一九二四年、サウスダコタ州立大学で医科助手となるため、アメリカへ移住。一九三三年、同大学で「児童精神科医」の准教授となる。「児童精神科医」を名告った初めがカナーである。教科書として書いた『児童精神医学』（一九三五）は、その後のカナーの自閉症研究の基礎となる。

注2　ハンス・アスペルガー（一九〇六～一九八〇）　オーストリア、ウィーンに生まれる。小児科医。ウィーン大学子供病院に勤務。アスペルガーとカナーは、ほぼ同時期に、「自閉症」研究に至

るが、カナーが英語で、アスペルガーはドイツ語で論文を書いたため、一九八一年、イギリスの精神科医ローナ・ウィングが「アスペルガー症候群――臨床報告」を発表するまで、アスペルガーの存在はほとんど世に知られることがなかった。
　また時代的背景もあり、ナチスドイツとの関係が問われている。

注3　オイゲン・ブロイラー（一八五七～一九三九）　スイス、チューリッヒ近くのツォリコンに生まれる。精神科医。「自閉的」という名称とともに、スキゾフレニア（統合失調症）の〝名〟も彼が生み出したもの。しかしこの名称は、数々の「偏見」をも生み出した。一九二七年からチューリッヒ大学の精神医学の教授を務めた。

注4　緘黙　「かんもく」とは「喋らないこと」。種々の精神疾患でも見られる。DSM－5では不安症のグループに入っている「選択性緘黙」がよく知られている。自閉スペクトラム症、統合失調症でも見られる。八十五頁参照。

注5　Pictures near the wall　ジョンには、Pictures on the wallの「on」が引っ掛かるのである。彼にとっての「on」は「～の上に」である。単語の多様な用法の内、最初に出会った用法から離れることが難しい。彼には「on」では、「絵は壁の上にある」となるので、「on」を「near」に置き換えたのである。

第四章

症例集

幼稚園児・保育園児が映す世界

本章「症例集」に入る前に、再度以下のことを確認しておきます。
「自閉スペクトラム症」のＤＳＭ－５での診断は、左記の二点の基準を満たすことが必要です。

① 様々な状況での人と人とのコミュニケーションと相互作用が生来的（持続的）に障害されていること。

② 行動・興味・活動の限局した繰り返しの傾向。

この二点がＤＳＭ－５で見るところの「自閉」の正体ですが、これは色々と姿を変えて現われるので厄介です。

この中心像は、重篤さ、発達水準、年齢や環境によって様々な形で現われます。それ故、疾患への上手な介入は、自閉スペクトラム症であることを覆い隠すこともあります。

このように自閉スペクトラム症という疾患の現われ方は様々であるためスペ

クトラム（一連のもの）という言葉を使っています。ＤＳＭ－５でのスペクトラムは正常と疾患の連続体ではないことを理解しておくことが大切です。

①の理解のためには、言葉の発達について知っておく必要があるので、先に第二章で説明しました。

②の基準は三歳以前でははっきりしないことが多いので、三歳以前での自閉スペクトラム症の確定診断が少ない原因の一つと言われています。

この章では、就学前には自閉スペクトラム症がどのような現われ方をするのかを症例で示します。症例は本質を変えない程度に変更を加えています。

「症例」では、その子の「現在」に至る経過をなるべく淡々と感情を交えずに描き、「コメント」では、その子への具体的な対応を書きました。

「症例」は遠い風景であり、「コメント」は日常へのアドヴァイスです。

症例① L・U　六歳（幼稚園年長）　男児　自閉スペクトラム症

お母さんと一緒

Lくんは幼稚園年長の九月に、お母さんに連れられて受診しました。地域で子育て支援をしている臨床心理士さんが、お母さんの話から発達障害を疑って、病院で相談することを勧めたようです。

診察室でLくんは、緊張した面持ちで、ずっとお母さんに寄り添っていました。お母さんは優しそうな方で、そんなLくんを怒ることはありません。家ではよくしゃべるようですが、診察室では質問すると、不安げな表情でお母さんの顔を見て、自ら話すことはありません。

気持ちを抑える術

歩き始めも、話し始めも遅れることなく、健診でも問題は指摘されていませんでした。しかし、お母さんは育てにくさを感じて悩んでいました。Lくんは自分の思っていることと違うことがあると、カッとなって震えがきたりします。そしてそんな時には物を押したり叩いたりします。絵が好きで、凝り性のため上手く描けないとカッとなって、せっかく描いたものを破ってしまいます。

また音や臭いにも敏感で、それが原因でカッとなることがあります。でも自分で気持ちを抑える術を知っているかのように、氷をかじったり、走り回ったりすることがあります。

身体が硬い

身体は硬くて、運動が苦手です。そして右利きにもかかわらず、右手の力が弱いようです。しかし最近は、腕を鍛える運動を自分から始めました。

幼稚園では、落ち着きがなく、勝手にどこかへ行ってしまうこともあります。朝の用意は皆より時間がかかります。年中組の時は、思っていることを言葉で伝えることが出来ませんでしたが、年長になって幼稚園でも少しは話せるようになりました。また、以前は負けることが大嫌いでカッとなっていましたが、それも少しましになってきています。

知能は高い

言葉で自分の考えや気持ちを伝えるのが苦手なのですが、初診時の知能検査（ＷＩＳＣ－Ⅲ／注１）では、言語性ＩＱ１３０、動作性ＩＱ94、全検査ＩＱ１１５でした。知能は高いので、少し緊張を和らげてあげると、話す力を発揮しやすくなります。薬を利用する手もあるのですが、年長になって改善も見られていることもあり、投薬無しで経過を見ることにしました。

失敗が恐い

以前は、べったりとお母さんにくっ付いていたＬくんでしたが、十一月の診察では、少し離れて座ることが出来ました。幼稚園では、運動会も頑張れたと言います。また皆と遊べるようになって、「みんなと一緒がいい」という言葉も聞かれたと、お母さんは嬉しそうに話していました。しかし、失敗することに対しては過度に心配するところがあり、失敗すると泣き叫ぶことがあります。

その後も幼稚園には楽しく通えています。音楽会も頑張れました。ただ、習い事のスイミングに行く前は緊張します。

新しい場所は特に緊張するので、卒園前の二月に小学校の体験をしました。音に敏感なのでチャイムの音にはびっくりしましたが、知っている子と一緒に行ったこともあり、全体としては楽しい経験として残りました。四月からは、「言葉の教室」にも通うことになりました。

独りぼっち

Lくんは小学校に入っても、何とか頑張って通っています。ただ登校班の一年生は三人で、その内の女の子二人は手を繋いで登校するので、独りぼっちで寂しい思いをしています。また学校でも、気付いたら一人ということもあります。遊びのルールがわからず、皆と遊べないこともあるようです。しかし、わからない時はそのことを聞くことが出来るようになったので、何とかやっているようですが、ストレスは大きいようです。家に帰って来ても、すぐには家の中に入らずに外で叫んでいます。

以上のことを踏まえて、五月に病院で担任の先生と情報交換したこともあり、落ち着いて登校出来るようになりました。

ちなみに、この年（平成十九年）の四月から特別支援教育法が実施されました。

遠い風景から日常へのコメント①

カッとなる

Lくんは、自分の思っていることと違うことが起こるとカッとなってしまいます。これは自閉スペクトラム症の特性から来ている現象です。誰でもカッとなることぐらいはあります。それではどういうところが自閉スペクトラム症の特徴なのでしょうか。まず、「こんなことぐらいでそんなにカッとなるの」というぐらい些細なことで、カッとなってしまいます。

出来事と癇癪の間のアンバランスさが目立ちます。普通に考えれば些細なことでも、Lくんにとっては重大なことなのです。それがいわゆるLくんの「こだわり」です。もう一つ特徴的なのは、その癇癪が日常生活のいたるところで起こるということです。

「繰り返し運動」は落ち着きを与えるので、部屋をグルグル走り回ることはよくみられます。氷をかじるのは、Lくん独自の行動です。氷の冷たさを好むのか、ガリガリ嚙み砕くのが好きなのか、また別の理由なのかは不明です。

不安になる

自閉スペクトラム症では、人と会うと不安になったり、緊張したりすることがあります。初診時のＬくんも、どうしていいか不安で、何度もお母さんの顔を覗き込んで、助けを求めていました。自閉スペクトラム症では、人との関わりやコミュニケーションが苦手なので、不安・緊張が生じることは容易に想像出来ます。

また不安が強過ぎて、不安症という別の疾患も考えた方がいい場合もあります。その場合は、就学前でも不安を和らげる薬（抗不安薬）を処方することも考えられます。処方が必要となる一つの目安は、腹痛などの身体症状です。Ｌくんはさしあたり、服薬なしでやっていけそうです。

習い事のスイミングは、慣れた場所なのですが、次に習う内容がわからないので不安になります。不安が強い場合は、どのようなことをするのか、あらかじめ内容を伝えてあげるのも良いかも知れません。

言葉の教室に通う

Ｌくんは小学校からの支援で、「言葉の教室」に通うことになりました。言葉の教室は、言語に問題のある子どもに向けて設置された通級指導教室と特別支援学級の通称です。Ｌくんは普通学級に通いながら、頻度は不明ですが通級指導教室に通っていました。

Ｌくんは小学四年生の十二月まで通院していました。小学校に入ってからは、ほとんどがお母さんだけの通院で、Ｌくん自身は年に一回から二回受診する程度でした。

Ｌくんがお母さんの助けを借りずに、しっかりと受け答えしたのは小学四年生の四月のことでした。

注1　ＷＩＳＣ－Ⅲ　「ＷＩＳＣ」とは、児童向けの知能検査。ディヴィド・ウェクスラー（David Wechsler　一八九六～一九八一）によって開発されたので、「ウェクスラー式」知能検査という。六歳から十六歳を対象とする。

症例② Z・I

六歳（幼稚園年長）　男児

自閉スペクトラム症

運動面の遅れ

Zくんは四か月健診の時に運動面の遅れを指摘されてリハビリを受けていました。歩き始めは一歳三か月ぐらいでしたが、全体的にシャキッとした感じがありません。一歳六か月健診の時に言葉が出なかったために相談の継続になっていました。しかしその後の相談や健診には連れて行ってもらっていなかったようです。

斜視

四歳で幼稚園に入園したので、それをきっかけに子ども療育センターにも幼稚園と併せて通所することになりました。Zくんには斜視もみられていたので、小児保健医療センター眼科でみてもらうことになりました。眼科に通院する中で同センター小児科も受診して、幼稚園年長の十月に広汎性発達障害の診断を受けました。お母さんは発達障害についてもっと知りたいという思いがあり、子ども療育センターからの紹介で同じ年の十一月に受診されました。

「お茶」

Zくんはきちんと言おうと思えば言えることも、単語だけで済ますことが多いようです。例えば喉が渇いた時に、「お茶」としか言わないのですが、「どうしたいの?」とお母さんが聞くと「お茶がほしい」と言うことが出来ます。

本が好きで、心理検査の時は、検査の部屋に入室すると真っ先に本棚に向かって行きました。『はらぺこ　あおむし』と『もぐらくん　おはよう』の絵本を読んでからの検査でした。診察の時は、いつもひたすら漫画を読んでおとなしくしています。

してはいけないことをする

幼稚園では、自分から皆の輪の中に入ることが難しく、先生の力を借りる必要があります。しかしおとなしくしている訳ではありません。してはいけないことを何度も繰り返します。例えば、友だちの服にマジックで何かを書く、二階から物を落とす、水道の蛇口を全開にするなどです。また、自分の思いが通らないとパニックになって、泣き喚いたり、周りにある椅子や積木、本などを手当たり次第に投げ付けたりします。行事や集会などでは大勢の中でじっとして話を聞くことが出来ません。

でこぼこマット

部屋にいる時はすぐに靴を脱ぎたがりますが、水道前のでこぼこマットの上では靴を穿かないと立てません。

食べ物の好き嫌いが多くて、お弁当のおかずも決まったものしか食べません。お箸の使い方も難しいようです。

排泄のことも問題です。ズボンやパンツが濡れていても、気にしないことが多いのです。先生が気付かせるようにしてくれています。

Ｚくんは特別支援学級への進級が決まりました。家では比較的落ち着いていることもあってか、翌年二月の診察を最後に通院されませんでした。

遠い風景から日常へのコメント②

筋緊張の低下

筋にはもともと伸びることに抵抗する引っ張る力（張力）が働いています。それを筋緊張と言って、姿勢保持や体温調節に関係があります。Ｚくんがシャキッとしていないように感じるのは、筋緊張の低下によるものと考えられます。椅子に座っている時に姿勢保持が出来ずフニャフニャしている他、座る時にドスンと座る、立つ時にスッと立てないなど、またＺくんのようにお箸を使うのが下手だったり、鉛筆をしっかり握らないので字が汚かったりすることがあります。

コミュニケーションの問題

Ｚくんは二語文が喋れるようになっても、単語だけで伝えることが多いのですが、これはコミュニケーションの問題であり言葉の発達の遅れではありません。「お茶」と言えば、状況からして喉が渇いたと周りの人は推測出来ますが、「お茶取って」とか「お茶ちょうだい」と言う方がコミュニケーションとしては優れています。

本に夢中になるのは良いことなのですが、興味あることで頭がいっぱいになってしまって周りが見えないのが問題です。

以上のように、姿勢はシャキッとせず、言葉も不足がちで、周りが見えない行動をしていると、知的に問題があるように思われることも多いのですが、Ｚくんは知能検査（ＷＩＳＣ－Ⅲで言語性ＩＱ91、動作性ＩＱ94、全検査ＩＱ92）で知的障害ではないことがわかっています。

感覚の問題

Ｚくんが「でこぼこマット」に立てないのは感覚の問題に関係ありそうです。また靴や靴下を穿くのが嫌いで、裸足が好きな子がいます。冷たい床の感触が気持ちいいというのがその理由です。感覚の問題は「興味関心」の問題で、「強迫」の一つの症状です。ＤＳＭ－５では、この感覚の問題を興味関心の問題に含めています。

自閉スペクトラム症で特徴的な「排泄」の問題も、おもちゃなどに熱中していて、おしっこに気付かないのか、気付いてもおもちゃで遊びたいのかわかりませんが、興味関心の強さと関係しています。

症例③ T・J 五歳（幼稚園年長） 女児 自閉スペクトラム症

喋れない

Tさんは、特定の友だちとしか喋ることが出来ません。また、先のことを心配してすぐに泣いてしまいます。

誕生日が三月のこともあり、クラスの他の子と比べて少し幼いのは仕方ないのですが、それでも先生は気になってお家の方に連絡しました。

家の様子

幼稚園にはお母さんが一人で話を聞きに来られました。お父さんは仕事で忙しいこともあり、家ではお母さんとお祖母ちゃんが主に面倒を見ています。先生が尋ねたところ、家では特に問題がないとのお話でしたが、お祖母ちゃんがTさんの先回りをして何でも手伝っているようでした。

それと系列の小学校への推薦を気にしてか、家の様子はあまり話したくないようだったとのことです。

一年待ち

それでも幼稚園年長の四月には児童相談所に、発達検査を受けに連れて行ってくれました。検査は受けたのですが、児童相談所での医師の診察が一年ぐらい先になるということで、幼稚園の先生に勧められて年長の八月にお母さんに連れられて受診されました。

Tさんは、うまく発音出来ない言葉があります。例えば、「き」が「ち」になってしまうので、「ケーキ」が「ケーチ」になってしまいます。それでも質問には嫌がらずに答えてくれました。幼稚園の友だちと先生の名前をちゃんと教えてくれました。幼稚園で困ることは、「お友だちが喧嘩をすること」と言います。友だちとは、「色々な遊び」をするとのことです。

「お絵かき」が好き

幼稚園では、今からやることを先生が話しても、何をどうしていいのかわからず不安そうです。皆がすることを見て真似をするのですが、その間はずっと不安そうです。しかしお絵描きは好きで、絵を描くと安心します。友だちは一人だけいます。

　年長の夏休みには子どもたちだけのキャンプに参加しました。少し自信がついたのか、二学期からは元気に幼稚園に通っています。遊ぶ友だちは三人に増えたようです。だるまさんが転んだとか、かくれんぼとかをした話をしてくれます。幼稚園は、嫌なこともあるけど楽しいと言います。

すべてが不安

　三学期は一月八日から始まり、二学期に引き続き楽しく通っていました。しかし一月十三日の朝から急にぐずりだして、幼稚園に行きたくないと言い出しました。すべてが不安なようですが、特にお弁当の時間を嫌がります。友だちは誘ってくれるけれど、声を掛けられるのも嫌で、友だちと遊ぶのも嫌と言います。

　一月の終わりぐらいからは少しましになってきたのですが、二月の終わりには泣く日もありました。幼稚園では友だちはいるけれど、休み時間が苦手なようです。

　小学校も無事に通えていますが、Tさんが心配を口にすることが多く、お母さんも先が心配なようです。

遠い風景から日常へのコメント ③

語音症

Tさんには脳性麻痺、口蓋裂《こうがいれつ》、聾、難聴などといった疾患はないのですが、発音が苦手です。

これは語音症（第一章注4参照）という神経発達症群の中の一つの疾患で、自閉スペクトラム症の症状という訳ではありません。定型発達では、四歳くらいにははっきり聞き取れる言葉を話します。

語音症を持つ子どもは「言葉の学校」に通うことが多いようで、だいたいは次第に上手に喋れるようになっていきます。

選択性緘黙

「喋れない」つまり緘黙《かんもく》について、場面緘黙という言葉を聞かれたことがあるかも知れません。

DSM－5では選択性緘黙（selective mutism）と訳され、不安症のグループに入っている疾患ですが、我が国では先の場面緘黙として知っている人が多いと思います。

選択性緘黙はDSM－5では、「他の状況では話しているにもかかわらず、話すことが期待されている特定の社会的状況（例えば学校）において、話すことが一貫して出来ない」こととあります（表4－1）。

喋るか喋らないかの選択は、場所だけではなくて人の場合もあるので、場面緘黙というより選択性緘黙といった方がよいでしょう。

表4-1　DSM-5における選択性緘黙の診断基準

A.	他の状況では話しているにもかかわらず、話すことが期待されている特定の社会的状況（例：学校）において、話すことが一貫して出来ない。
B.	その障害が、学業上、職業上の成績、または対人的コミュニケーションを妨げている。
C.	その障害の持続期間は、少なくとも１か月（学校の最初の１か月だけに限定されない）である。
D.	話すことができないことは、その社会的状況で要求されている話し言葉の知識、または話すことに関する楽しさが不足していることによるものではない。
E.	その障害は、コミュニケーション症（例：小児期発症流暢症、吃音症など）ではうまく説明されず、また自閉スペクトラム症、統合失調症、または他の精神病性障害の経過中にのみ起こるものではない。

日本精神神経学会『DSM-5 精神疾患の診断・統計マニュアル』より改変引用。

自閉スペクトラム症を排除しない

ところで選択性緘黙の診断は、自閉スペクトラム症の場合は除いて考えることになっているので、Tさんに選択性緘黙の疾患名は付かないのですが、自閉スペクトラム症の症状の一つの現われとして緘黙が見られることもあるという理解は必要でしょう。

Tさんは家ではよく喋りますが、自閉スペクトラム症を持つ子どもの中には、家でもほとんど喋らない子もいます。

Tさんは休み時間が苦手です。友だちと自由に関わることが苦手なので、休み時間はどう振る舞っていいかわからないので不安です。友だちとうまく関われませんが、友だちと関わりたい気持ちはいっぱいなので、幼稚園が楽しく思えたり、嫌に感じたりと気持ちは複雑です。

お弁当の時間が嫌いなのは、食べている時、友だちと上手く関われないからとか、お弁当が時間内に食べられるかどうか心配だからとか、不安の種は色々あるようです。

お祖母ちゃん

家ではお祖母ちゃんが、Tさんが不安にならないように先回りしているので、落ち着いて過ごせているようです。おそらく仕方なくそのような対応になったと考えられるので、お祖母ちゃんを一概に責める訳にはいきませんが、Tさんの成長のために考えるべきところはあるかも知れません。

抗不安薬

小学校に入ると、学習のことなど不安の種が増えてきます。最初は張り切って通学していたのですが、次第に学校に行きたくないという日が増えて、朝も起きづらくなりました。それで小学一年生の五月より抗不安薬を服用することになりました。抗不安薬はよく効いて、学校に楽しく行けるようになりました。その後は休薬したり服薬したりしながら小学四年生の夏まで通院していました。

抗不安薬は有効なことが多いのですが、知的障害を持つ子はかえって落ち着かなくなることもあるので注意が必要です。因みにTさんは平均より少し高いぐらいの知能です（ＷＩＳＣ－Ⅲでは言語性ＩＱ１１０、動作性ＩＱ１０４、全検査ＩＱ１０８）。

足りない支援の手

話は変わりますが、Tさんの住む地域の公立機関へのアクセスは非常に悪く、タイムリーな介入が難しいのがかねてからの問題でした。他の患者さんの例では、幼稚園の年少か年中の時に申し込んだ「療育」の順番が小学二年生の時に回って来ました。小学校の先生がしっかりと支援されていて、順番が回って来た時には大きな問題はなかったのですが、とりあえず通所されたようです。地域によって程度の差はありますが、まだまだ支援の手は足りないように感じます。

症例④　T・Z　五歳（幼稚園年中）男児　自閉スペクトラム症

抱っこ

Tくんが両親に連れられて初めて受診したのは五歳の時で、子育て総合支援センターからの紹介でした。このセンターにお母さんが相談に行ったのは、Tくんが二か月の時です。お母さんがTくんを抱っこしていると、静かに身を寄せているかと思えば急にエビ反りしたり、横抱きは嫌がって絶対にさせなかったりで、お母さんが気になっての相談でした。そこからずっとセンターに関わってもらっていて、いよいよ来年は小学校ということで、幼稚園の年長の夏休みに受診しました。

Tくんは初めての診察室でもものおじすることなく、名前と年齢を聞くと、「Tです。五歳になります」と、はきはきと答えていました。ただその後は、質問とは関係なく思い付いたことを話していました。

ハイハイ

Tくんは五か月でつかまり立ちをして、ハイハイはすることなく十か月で歩き始めました。言葉は一歳半頃でも、パパ、ママ、ジイジイ、バアバアと他は少しの単語を喋る程度でした。二歳になってもまだ言葉が繋がらなくて単語しか出なかったのですが、たくさんあるミニカーの名前はよく覚えていました。そのミニカーで遊ぶことは遊ぶのですが、遊びはいつも同じ配列でミニカーを一列に並べることでした。

じっとしていないで動き回ることが多く、子育てサークルでは団体行動がとれません。

すぐに脱走してしまうし、自分の興味のあるものでしか遊べません。まぶしい光は苦手で、嫌がって泣くこともあるのですが、足の裏をくすぐられることが好きで、お母さんは寝かし付ける時には足の裏をよくくすぐっていました。

不器用

三歳になってもまだ言葉は一つの単語だけだったのですが、三歳半ば頃に単語が繋がりだして、二語文、三語文が出るようになりました。身体が硬く、不器用さも目立っていたので、三歳半ばからはスイミング教室に通い始めました。最初はコーチの話も聞かないし、順番も守れず、自分の興味のあることしかしませんでした。バタ足も両足が一緒に動いてしまいましたが、長い間かけて別々に動くようになりました。

三歳九か月からは、センターの就園前訓練に週二回通うようになり、言葉も急速に伸びて、友だちと言葉でコミュニケーションを取れるようにもなりました。そして幼稚園は年中から通うようになりました。

サングラス

四歳の初め頃から、多くの人がいるところではサングラスを掛けるようになったのですが、幼稚園の入園までには、サングラスなしでも大丈夫になりました。

買い物に行くと興味のあるもの目掛けて走り出していたのも、四歳の半ばには落ち着いてきました。遊びは車から仮面ライダーへとこだわりが移り、家では夕飯そっちのけで仮面ライダーの成り切り遊びを続けていました。園では一人仲のいいお友だちが出来て、その子に引っ張ってもらっていたのですが、その子への執着が少し強過ぎたようで、その子に「あいつやっつけて来い」と言われたら、言われた通りに叩きに行ったりもしていました。

五歳の誕生日会

幼稚園での五歳の誕生日会は大荒れでした。会の最初から泣き喚いて壇上にも上がろうとしません。結局、会の最後まで担任の先生に抱かれたままで過ごしました。

後でTくんが話したところでは、五歳の誕生日会は自宅とお祖母ちゃんのところでお祝いをしてもらっていて、既に二回もしてもらっていたのに、何で三回もしないといけないのだろうということでした。

「友だちが嫌」

年長になるとクラス替えがあって、大好きな友だちと同じにしてもらったものの、環境の変化の影響のため生活全体が落ち着かなくなりました。家では幼稚園に行く時間になっても、弟とおもちゃで遊んでいてなかなか家から出られなくなりました。幼稚園に着いても靴箱のところでぐずって、なかなか教室に入れません。やっと教室に入っても、「友だちが嫌」と言って、独りだけでおもちゃで遊んでいました。六月ぐらいには少しましになってきたものの、先生から皆の中に入るように言われると、気分によってはひどく怒ることがありました。

「見るな」

また幼稚園にお母さんたちがいると、「見るな」と言って幼稚園に入ることが出来ません。そしてそれは幼稚園だけに留まらず、病院の待合室でも小さな子に対して同じように「見るな」と怒ります。家では両親に対して殴る蹴るの暴力がみられます。母親が弟を叱ると、「そんなこと言うな」、「死ね」、「殺す」などと暴言を吐きます。

六歳のお誕生日会の日は、嫌がって幼稚園に行きませんでした。幼稚園では皆と一緒に何かをするということは難しかったのですが、特定の一人の子を除いては、だいたい仲良く出来るようになってきました。

お薬

しかし家での暴力はひどくて、家の人からは、薬で何とかならないものかという相談がありました。Tくんは見られることを嫌がって、カメラを向けるだけでも怒り出すほどでしたので、まずは不安を和らげるお薬を使うことにしました。お薬を飲み始めてから、「見るな」と怒るのは少しましになって、写真も撮らせてくれるようになりました。

もうすぐ卒園という三月頃は、小学校に上がる不安からか、少しイライラすることが増えて、「家を壊してやる」と言って、襖《ふすま》にパンチをしたりして暴れていました。しかし小学校は楽しみと言って、小学校に行く練習で給食を食べに行ったりしていました。小学校は特別支援学級に進むことになりました。

遠い風景から日常へのコメント④

身体を合わせる能力

Ｔくんは抱っこを嫌がる赤ちゃんでした。もっとも「嫌がる」というのは大人からの解釈で、Ｔくんが本当に嫌がっているかどうかはわからないのですが、お母さんの抱っこの姿勢に合わせられないという問題があります。赤ちゃんには抱っこしてくれる人に身体を合わせる能力があります。しかし自閉スペクトラム症を持つ子どもの中には、それが出来ない子がいます。

発達性協調運動症

身体のことに関しては、Ｔくんは不器用さが目立ちます。自閉スペクトラム症を持つ子にはしばしば見られることですが、自閉スペクトラム症自体の問題ではありません。これは同じ神経発達症群の中の発達性協調運動症の問題です。Ｔくんはずいぶん長い時間をかけてバタ足が前よりは出来るようになったようですが、不器用な人が器用になった事例は経験していません。

視覚刺激の過敏さ

Tくんは「見られること」を嫌います。サングラスを掛けた理由は、自分がサングラスを掛けることで、こちらから見えなければ見られていることにならないという理由でした。自閉スペクトラム症を持つ人の中には、夏の眩しい日や精神状態が不安定な時にサングラスを掛ける人がいるのですが、それは視覚刺激の過敏さによることが多いのです。Tくんには自覚がありませんが、Tくんの場合もそういった問題があるのかも知れません。

レンズは「眼差し」

実は、Tくんが小学校の高学年になってわかったのですが、「見られること」というより「眼差《まなざ》し」が苦手だったようです。カメラは機械ですが、レンズは「眼差し」だったのかも知れません。自閉スペクトラム症を持つ人の診察をしていると、かなり後になってから、そういうことだったのかと思うことが時々あります。

コラム

ハイハイ

四本足で動く

有名なスフィンクスの謎掛けに、「初め、四本足、次に二本足、最後に三本足になるのは、なあに」というものがあります。答は人間です。人間は、生まれてすぐの赤ん坊の頃は、二本足で立つことが出来ません。いわゆる「ハイハイ」をして四本足で動きます。「ハイハイ」という言葉は「這《は》う這《は》う」から来ています。三本足というのは、人は老いて、杖を突いて歩くからです。スフィンクスの謎掛けは人間の一生を言っているのです。

この謎掛け、今は通じない場合があります。それは、最近、お母さんに抱っこされていた赤ん坊が、「ハイハイ」を飛ばして摑まり立ちをしたと思ったら一気に「二本足」で歩いてしまうからです。親たちはそれを赤子の早い成長とみて、喜びます。「立った！　立った！」

秋岡芳夫の掌理論

工業デザイナーの秋岡芳夫氏は、この「ハイハイ」をとても重視していました。「ハイハイ」をほとんどせずに立ってしまった子どもたちは、掌の感覚が鈍いと言うのです。

秋岡氏は或る実験をしました。大学で教鞭もとっていた秋岡氏は学生を大教室に集め、教室の中央に長方形の大きな木のテーブルを置き、何名かの学生を選んで、

「触ってみて、感想を述べて下さい」

と言いました。そのテーブルは木製ですが、まるでステンレスのように天板がピカピカに磨かれたものでした。学生は掌でそのテーブルを触り、

「なめらかです。木のぬくもりがありながら、凹凸がないので、まるでステンレスか硝子を触っているみたいです」

と言いました。

「そうですか。傾きはどうですか」

と、秋岡氏は学生の一人に尋ねました。

「傾斜ですか？　いえ感じませんでした」

　秋岡氏は背広のポケットから手品師のようにピンポン玉を一つ取り出し、大テーブルの端に置きました。ピンポン玉は、ゆっくりとそして段々と速度を増して転がり続け、ついに床に落ちました。

　つまり、この木の大テーブルは、ほんの少しですが鉋《かんな》で表面を削った時に、左右に高低差が出来ていたのです。その傾きは視認（目視）出来るものではありません。おそらくミリ単位のものだったのでしょう。

　秋岡氏は、今度は、掌でスーッとテーブルを端から端へ触ってみせました。

　それから学生たちにも同じようにテーブルに触れてもらいました。

「言われてみれば……」

　だったのでしょうが、学生の三分の一が、

「傾斜を感じる」

　と言いました。

　そこで、秋岡氏はその感じる学生に、

「あなたは赤ん坊の頃、すぐに立ちましたか」

と問いました。その学生は恥ずかしそうに、

「なかなか立てなくて、親がやきもきしたと言っていました」

と答えました。つまり、その掌の感覚が鋭かった学生は、「立った！」までに「ハイハイ」を長くしていたのです。

掌を育てる

ハイハイをすることで、赤ん坊は掌の感覚を育てていたのです。

掌の感覚は「丸み」を感じたり、質感を読み取ります。触るだけで、それが、木か鉄か硝子か陶かステンレスかプラスチックか、目を閉じて同じ厚さの一枚板の表面を触って当ててもらうという実験をしたら、「ハイハイ」を長くした子はほとんど見事に当てたということです。

症例⑤　L・P　四歳（幼稚園年少）男児　自閉スペクトラム症

「さしすせそ」

幼稚園では、Lくんはなかなか先生の言うことを聞いてくれません。

教室では一応は椅子に座ってくれるのですが、すぐに興味のある方へ歩いて行こうとします。椅子は「この椅子でないと嫌」と言ったり、ある特定の子の横に座ることにこだわったりします。興味のあることには、すぐに口を挟んでくるのですが、言葉は単語ばかりで、他の子よりも言葉の発達が遅い印象です。それと、「さしすせそ」の発音も少し苦手です。先生の指示が理解出来ないことも多く、「どうするの？」と言って涙ぐみます。気持ちの切り替えが難しく、時に奇声を発したり、他の子を叩いたりもします。水が好きなこともあるのですが、勝手に泥んこ遊びを始めて、先生が止めるように言ってもなかなか止めてくれません。

お父さん

幼稚園ではこのような状態なので、幼稚園からは受診を勧められました。両親は家では問題を感じていなかったので、受診を勧められた時にはショックだったようですが、幼稚園年少の八月に両親そろってＬくんを連れて受診されました。

診察室では、Ｌくんはお父さんに抱っこされ、ひたすらお父さんにしがみついて話してくれませんでした。

しかし年中の七月には、診察室の椅子に一人で座るようになりました。まだ質問に対する返答はありませんが、電車と仮面ライダーが好きという話を両親がすると、母親に向かって小声で、「車も好き」と口を挟むことが出来ました。

言葉の問題

年中になって幼稚園では、興味のある方にすぐに行ってしまうという多動はみられなくなりました。友だちとも仲良く出来ているようです。しかし、言葉の問題が目立ってきました。場面、場面での説明が、皆と同じようには理解出来ず、一緒に活動が出来ません。ルールがなかなか理解出来ずに、不安な顔付きになってしまいます。また、文章のオウム返しもみられます。

今後の経過が気になるところでしたが、児童相談所での診療に繋がったようで、通院は年中の九月が最後でした。

遠い風景から日常へのコメント⑤

内的言語の発達

Lくんの両親は仕事が忙しく、Lくんと過ごす時間はかなり少ないようです。幼稚園の送り迎えもお祖母ちゃんで、Lくんの日常の世話はほとんどお祖母ちゃんにやってもらっています。お祖母ちゃんは寡黙な人で、Lくんの世話はしてくれていますが言葉数は少ないようです。両親とも接する時間が短いようですので、幼稚園に入るまでは、かなり言葉掛けが少ない環境で育っています。

Lくんの言葉の発達は、本来備わっているスケジュール通りに進んでいます。つまり内的言語の発達には遅れがありません。しかし言葉の表出の遅れは、自閉スペクトラム症の問題と家庭での言葉掛けの少なさが影響していると考えられます。

しっかりと関わりを持ってあげれば、小学校入学までには皆に追い付くことも不可能ではありません。

症例⑥ S・Z 三歳（保育園児） 男児 自閉スペクトラム症

指差し

Sくんは十か月健診の朝は四時に起きてしまいました。その日は眠たそうでやりとりが上手く出来ませんでした。それで十二か月での判断ということになりました。その頃家ではテレビを見て真似て踊ったり、漫才などの仕草を真似したりしていました。「指差し」も出ているとのことでしたので、ひたすらタイヤを回して遊ぶなど気になる点はあったようですが、発育は順調とされていました。一歳九か月健診で、「可逆の指差し」（応答の指差し）が見られず、要求する指差しよりも、欲しいものに手を持っていくことの方が中心でした。言葉は「マンマン、アンパンマン、アカン、オイチ、カー」などです。そして発達検査に取り組めないこともあり経過観察となりました。

療育

両親の就労希望があり二歳四か月の時に保育園に入園しました。しかし保育園には慣れにくく発熱が続き、保育園に行くのを嫌がってしまいました。そのため二歳十一か月の相談で、次の年の計画として児童発達支援センターでの療育を勧められました。両親は子どもの問題を明らかにしてから療育の利用を考えたいと思い、三歳になって間もなくの十二月に受診されました。

単語にならない言葉

Sくんは診察室の中の色々なところに興味を示し動き回りました。それから斜め上を見上げるように首を傾けたまま、壁沿いを往復していました。話し掛けると、お父さんとお母さんの後ろに隠れながらこちらを窺《うかが》います。言葉は「アー、アー」などで意味のある言葉は聞かれませんでした。

一か月後の次の受診の時も、意味のある単語は聞かれませんでしたが、診察室ではあちこち動き回ることはありません。その二か月後の受診は、お父さんに抱っこされたままです。他の病院でレントゲンを撮った後から病院を嫌うようになったようです。診察では言葉は聞かれませんでしたが、家ではアンパンマンやコマーシャルの歌を歌うようになったとのことです。四月からは児童発達支援センターの療育に通うことになりました。

三歳六か月頃から、名前を呼ぶと返事をするようになったとのことですが、診察室では実力を発揮出来ませんでした。「バイバイ」とか「おはよう」も言うようになったとのことです。

三歳八か月頃の受診では、「あかん」という言葉が聞かれました。両親の話によると、嫌な時は「いや」ではなくて「あかん」と言うようです。療育は九人のクラスなのですが、一緒に遊ぶというより、周りがやっていることを真似している感じです。家ではお絵かきが好きで、ジャンプやでんぐり返りも好きでやっています。

三歳十か月頃の受診では、名前を呼ぶとこちらに注意を向けてくれました。顔の部分の指差しも可能になりました。療育では、「おもちゃを貸して」も言えます。「いや」と言う言葉は出ないものの、嫌な顔をして怒ることは出来ます。

「ありがとう」

四歳直前の受診では、診察が終わって出ていく時に、「ありがとう」と言ってくれました。診察室ではあまり喋れませんが、家では「おはよう」の挨拶が出来て、毎回ではないのですが嫌なことに対しては「やめて」が言えるようになりました。アンパンマンに対するこだわりがなくなって、魚と電車が好きで、よく絵本を見ているようです。

四歳二か月頃から、「あけてちょうだい」、「僕する」などの二語文が出るようになりました。友だちと関わろうとする時は、言葉では言えなくて、顔を覗き込んだりします。興味は、プラスチック製の鉄道玩具・プラレール、機関車トーマス、H電車（その地域を走る私鉄）です。

四歳四か月頃の受診の時は、かなり言葉がはっきりしてきました。こちらに背中を向けて「おはようございます」と言いますが、帰りにはちゃんとこちらを向いて「ありがとう」が言えました。

この四月からは保育園に挑戦です。「ならし保育」がないので少し心配ですが、保育園の裏には大好きなH電車が走っているので、Sくんは保育園に行くのを楽しみにしています。

四月、Sくんは無事保育園に通っています。保育園に着くとまずH電車を見に行きます。しばらくは喜んで通っていたのですが、急に行き渋りがみられるようになりました。なぜか急に園にある、からくり時計が恐くなったようです。伯母さんの家にもからくり時計があり、やはりそれも嫌がります。園ではからくり時計を外してくれたので、何とか通えるようになりました。

「元気！ 水色！」

四歳十一か月頃の受診では、初めに「おはよう」と挨拶をしてくれたものの、「元気？」と尋ねると、「水色！」と答えます。もう一度「元気？」と尋ねてみると、「元気！ 水色！」と答えます。水色のH電車の車両を、通院途中で目にしたようです。

五歳の誕生日の三日前が受診日でした。年齢を尋ねてみたのですが「言わない」と言います。言葉は増えてきているのですが、年齢はSくんにとっては答に窮する質問です。

大人との関わり

保育園年中の終わり頃から、同年代の子どもとの関わりより、先生との関わりを求めるようになりました。家ではお母さんに逆らうことが増えてきました。

保育園年長になって教室が変わったのですが、担任が持ち上がってくれたこともありパニックを起こすこともありませんでした。年長ではわざと反対のことを言うなど、天邪鬼《あまのじゃく》振りをみせているぐらいで、大きな問題もなく一年を送りました。

小学校は特別支援学校に進むことになりました。

遠い風景から日常へのコメント⑥

可逆の指差し

相手と一緒に同じものを見ることが出来ることが、一般的に言うところのコミュニケーションの土台となる能力です。そのわかりやすい指標が指差しです。指差しにも色々な種類があるのですが、それぞれの指差しが適当な時期に出来ることが必要です。可逆の指差し（応答の指差し）は一歳六か月頃の子どもの発達を確認するのに重要なポイントとなります。Sくんは一歳九か月の時点で、まだ可逆の指差しが見られませんでした。

また欲しいものに手を持ってゆく、いわゆるクレーン現象（症例㉖注1参照）が見られています。これで自閉スペクトラム症が決まりという訳ではありませんが、その可能性を視野に入れて様子を見ておくのがよいと思います。

「トーマス好き」？

Sくんは電車が好きですが、電車の絵本をボロボロになるまで見るというほどではありません。H電車は緑の車両が中心で、水色の電車はちょっと新しいきれいな車両ですので、自閉スペクトラム症を持っていない子でも魅かれるかも知れません。

十数年前にイギリスの自閉症の専門家が来日して講演した際に、「機関車トーマス好き」は自閉症の隠れた診断基準だというジョークを言って、聴衆にも大受けだったと記憶しています。しかし最近、診察室のおもちゃにトーマスと、トーマスのお友だちの機関車パーシー、スマートなスペンサーを紛れ込ませてみたのですが、ほとんど見向きもしてもらえません。

診察の時に年齢の質問をすると、親が横からすばやく答えてしまうことがあります。確かに正確な年齢確認で聞くこともありますが、たいていは子どもの反応や言語発達などを見るために聞いています。初診の時などは、反応の仕方で機嫌や緊張具合を評価する助けになります。

「言わない」

Sくんに年齢を聞く場合、豊かな会話が出来る時は、今は四歳だけど後三日（または何月何日）で五歳になるという会話になります。

Sくんが「言わない」と言ったことに関しては、単に「四歳」と答えるよりも「言わない」と答える方が言語発達が進んだ段階と評価することが出来ます。もちろん、ちょっと反抗する気持ちがあって「言わない」と言っているだけかも知れませんが。

幼稚園年中の終わり頃には、少しお母さんに反抗的なところが出て来ました。お母さんは、これも言葉が成長した印と理解して下さって、Sくんの成長を温かく見守ってくれています。

コラム

療育とは？

医療と教育

「療育」の〝療〟とは「医療」の療で、〝育〟は「保育・教育」の育で、「療育」とは、医療と教育を合わせた言葉です。

療育が医療と関わっていること、つまり医師との連繋がこの言葉の特徴となります。発達障害に向き合う時に、保育・教育を担当する先生方と医師との連繋がとても大切なことを表わしています。

この言葉を最初に提唱したのは、東京大学名誉教授の高木憲次（一八八八～一九六三）氏です。彼の中の「医療」は、「肢体不自由児」が対象でした。その後、北九州市立総合療育センターの初代所長高松鶴吉（一九三〇～二〇一四）氏が、〝病〟を「肢体不自由児」に限らず、「すべての障害のある子ども」に広げて、療育を考えました。現在は多く「発達障害」の子どもたちに向けて使われています。

では、医療と教育とは、合体して、どのように子どもたちに働きかけるのでしょうか。医療とは治療でもあります。例えば、自閉スペクトラム症の子がいたら、その子にとって一番いい場面は、その子に合った児童精神科医との出会いでしょう。そしてその医師が、その子の保育園の、幼稚園の、あるいは学校の担当・担任の先生と会って、「話し合い」をしてくれることです。そこにその子の親も加わると、その子の「家での暮らし」がわかり、より「療育」の可能性が広がります。

育から療へ

実際には、同じ症状を持つ五、六人の小グループの中で、勉強、遊びを行い、その子の持っている〝病〟、例えば「イライラ」、「癇癪」、「こだわり」、「暴力」の原因を探ります。

療育は、集団で行うと言っても少人数ですから、「その子」がどう他者とコミュニケーションをとるか、とっているかが、先生方によく見えます。そこで、問題が出れば、〝育〟から〝療〟へと連繫をとります。

症例⑦ M・T　五歳（幼稚園年中）男児　自閉スペクトラム症

話し始め

Mくんの歩き始めは問題がなかったのですが、話し始めは三歳を過ぎてからということでした。

言葉の遅れのために、四歳五か月の時に市の子育て総合支援センターに相談に行きました。それから定期的に発達の相談と、四歳十か月から言語療法士（注1）による言語相談を受けていました。

幼稚園は年中からで、加配の先生（注2）がついてくれて幼稚園での生活を送っています。

言葉は話し始めから飛躍的に伸びましたが、それでも同年代の子に比べると遅れが目立ちます。他の子どもとは、先生や親の助けを借りないと会話が出来ません。家でも両親が言うことがわからないことがあります。言われてわからない時はオウム返しになってしまいます。

ドイツに行く？

初めての所は苦手で、思い通りにならないとパニックになります。エレベーターにこだわりがあって、自分の押したい階のボタンが押されると癇癪を起こします。とにかく自分で押すことにこだわります。

そんなMくんが子育て総合支援センターの紹介で受診したのは、ちょうど五歳の誕生日の五月二十一日のことでした。お父さんが海外出張で、この夏から二年間ドイツに住むことになったので、ドイツに一緒に付いて行くかどうか判断するための受診でした。

年齢は二十一歳

受診のことは前もって説明していたとのことで、診察室では落ち着いています。でも、ちょっと緊張もあってか、年齢を質問すると「二十一歳」と答えてしまいました。

Mくんがお父さんに付いて行くとなると、気になるのは言葉の発達です。このまま現在の幼稚園に通うと、小学校に入学するまでには言葉の遅れは取り戻せそうなのですが、ドイツに付いて行くとなるとどうなるか未知数です。それでお父さんだけがドイツに行くことになりました。

幼稚園は楽しい

七月末の受診の時は、Mくんから「幼稚園、楽しい」という言葉が聞かれました。友だちに目を向けることが出来るようになってきて、苦手だった友だちも苦手でなくなりました。活発な友だちに付いて行ってしまうこともありますが、先生の注意が耳に入るようになりました。三か月でずいぶん成長したと先生にも言われます。家でも自分を抑えることが出来るようになってきて、落ち着いていると言います。

二歳の弟

夏休みは、二歳の弟と過ごす時間が長かったせいか、夏休みの後半は気持ちが不安定になっていました。しかし九月に幼稚園が始まると、徐々に落ち着きを取り戻していきました。運動会の練習では、みんなの輪の中に入ることが出来ていますが、友だちに話しかけることは出来ず、みんながやっていることを自分も真似をしてやっています。

十月からは言葉の教室にも通い、幼稚園では楽しくやっています。家でのこだわりもましになってきて、急な予定の変更も受け入れることが出来るようになってきました。

年長になっても、幼稚園には楽しく通えているようです。しかし遊びの中では、友だちとの関わりがあまりありません。集団の中には入っていますが、自分の好きなことをやっています。

小学校はマンモス校と小規模校が選択出来たので、一学年一クラスの小規模校に進学することに決まりました。

遠い風景から日常へのコメント⑦

緘黙でなければ

家の人からは話し始めは三歳を過ぎてからという報告でしたが、一歳頃の乳幼児健診で特に問題は指摘されていないようでしたので、話し始めの時期は問題なかったであろうと推測されます。Mくんのように話し始めには問題がないのだけれど、三歳頃まで言葉の数が少ない子は日常の診療ではしばしば見られます。

そのような子どもも、緘黙でなければ小学校に入る前までには皆に追い付くことが多いように感じます。Mくんの場合は、集団の中には入りにくいのですが、加配の先生がついて対応してくれています。

Mくんの緊張、Mくんの成長

Mくんは初めての場所が苦手で緊張してしまいます。病院の初診日はちょうどMくんの五歳の誕生日の五月二十一日でした。それで年齢の質問に対して、緊張のあまり思わず二十一歳と言ってしまいました。

Mくんがドイツに行ってすぐに馴染むかどうかという問題や、ドイツでの支援体制と日本語の環境はどうかなど色々と心配なところがありました。二年で帰ってくるということですが、Mくんにとっては皆に追い付くかどうかという大切な二年です。

結局、お父さん一人での赴任を選択されました。今は離れていてもインターネットで顔を見ることも出来ますが、その頃はまだインターネット環境が整っていない時代でした。Mくんは寂しい思いもありましたが、お父さんの仕事の事情を少し理解出来るぐらいに成長していました。

注1　言語療法士　英語でスピーチ・ランゲージ・パソロジストと呼ばれるように、「話す」「言葉」「病理学者」の組み合わせの名称。つまり、言葉をうまく話せるように、言葉に困難のある人を支

援するリハビリテーションの専門職。アメリカでは、一九五二年に認定されたが、日本では一九九七年とその認定は遅い。

注2　加配の先生　少人数または一対一で「その子」を支援する非常勤の教員。担当の先生、親、医師との連繋を図る上においても、重要な存在。ただ、「加配定数」というものがあって、「一定の条件」を満たさなければ「加配」の先生に付いてもらうことは難しい。

症例⑧　H・O　五歳（幼稚園年長）男児　自閉スペクトラム症

両親の名前は？「考え中」

Hくんが受診をしたのは、幼稚園年長の七月三日のことでした。「集団で何かする時に、外れてしまう」ということでの受診ですが、七月末には地方に引っ越すことになっていました。そのため今後のことが心配で、早急に診て欲しいということでした。診察の時は落ち着いていて、年齢、名前と友だちの名前を五人挙げることが出来ました。お父さんとお母さんの名前を尋ねると、「考え中」と答えていました。

「イヤー」「キャー」

Hくんは三歳直前の発達相談で、「境界線級の発達ペースであることと併せ、アンバランスがあり、注意があちこちに向かいやすい」と言われました。家ではお母さんが洗濯物を取り込もうと外に出ると、外出するのだと思ってしまいます。外出でないとわかると「イヤー」「キャー」と癇癪を起こしてしまいます。幼稚園でも外に行きたいと思うと、先生が止めても「イヤー」となって、先生も対処に困るほどです。また、興味がない話になると、勝手に自分の好きなおもちゃの所へ行ってしまいます。

二歳から通っている幼稚園の先生の話では、五歳になった今でも、してはいけないことをするというのは変わらないとのことです。すぐに高い所に上ったり、意味もなく蛇口をひねったりします。出されたお茶がいらない時は、その場で捨ててしまいます。

相手への攻撃は、手や足が出たりしていたのですが、言葉で言うようになってきました。画鋲やハサミを持って刺しに行く真似をしますが、実際に刺すことはありません。

興奮のスイッチ

楽しくて興奮すると、走り回ったり叫んだりしていましたが、叫ぶことはなくなってきました。会話の中で「電車」という語が出ると、スイッチが入ったように電車の話をします。

集団行動は好きなのですが、それでかえって興奮したりします。引っ越し先でもみんなの中で集中して話を聞けるかどうかが先生の心配事です。興味のあることにはじっくり取り組めるのですが、そうでない時には友だちを押したりして喧嘩になってしまいます。

引っ越し先の近くには発達障害を診てもらえる病院は見付からなかったので、その県にある大学病院に紹介しました。

遠い風景から日常へのコメント⑧

病院という安心

Hくんが住んでいた地域の発達相談の人たちとは以前より関わりがあり、家族の障害に対する受け入れなども考えて、うまく病院に繋げてくれていました。何かあれば病院で相談出来るという安心感を持って頂いていたとのことでした。支援の方は、Hくんもいずれは病院でしっかりと診断を受けた方がいいと考えておられました。

支援と医療

今でも発達障害を継続的に診てくれる病院の数は不足しているというのが現状ですが、当時は一回の診察の機会も覚束ない状況でした。Hくんの転居先では、一度は大学病院で診てくれましたが、継続して通う指示はありませんでした。Hくんが引っ越ししていなければ、支援の人と医療が協力しながら見ていくことになるケースでした。

コラム

ダダをこねる

ダダっ子と地団駄

「ダダをこねる」とは、子どもがわがままを言ってすねることです。

子どもは何か欲しいものがあると、何とか親に買ってもらおうと、例えば、そこがデパートの玩具売り場で、店員さんや他のお客さんがいても、おかまいなしに「ダダ」をこねます。足踏みして、「買って、買って」とか「買ってくれなきゃ動かない」と地団駄《じだんだ》踏みます。これは子どもによくある行動です。ひどい時には、床にひっくり返って手足をバタバタさせます。

また、〝その時〟は逃しても、次にそのデパートに行ったら、同じ場所で同じ行為を繰り返します。

その様子を見て、「あの子、キレてる」「〝こだわり〟が強いわね」「あの足踏みは暴力的よね」なんて言う人は、そういないでしょう。子どもって、みんなわがままなんです。ダダっ子なんです。それでいいのです。

足踏みの呪術

そして、この「ダダ」の語源が、とてもステキなのです。一つは、仏教の走り「達陀《だだ》」から来たというもの、一つは陰陽道の「反閇《へんばい》」から来たというもの、また、地中に埋葬した死者の肉体の甦りを防ぐための「鎮魂」の呪術という説もあります。

仏教の「達陀」は、奈良東大寺二月堂のお水取りでその様子を見ることが出来ます。僧が「ダッダッダッ」と回廊を走り抜ける時の所作《しょさ》が、それです。

陰陽道の「反閇」は「結界」です。悪魔が入って来ないようにと「足踏み」します。足踏みをするだけで〝魔〟は退散するのです。達陀も元は結界でした。

子どもと神仏

ダダをこねる子どもも、無意識に魔を払っているのかも知れません。いつの頃から、この神聖な足踏みが子どもの「ダダをこねる」になったのかはわかりませんが、昔は子ども自体が〝聖なるもの〟と見られていましたから、彼等、彼女等がする行為は、すべて神仏との関係から出ていると考えられていました。

今はもうなくなりましたが、つい最近まで、鳥取のある地方では、子どもが亡くなると、まずは家の出入り口に埋めました。そこは色々な人が通る——つまり地面を足で踏む回数が多いので、その足踏みの呪力によって、死んだ子どもは早くに甦ると信じられていたのです。

先の死者の甦りを防ぐ地霊鎮魂の呪術とは反対の「再生」の儀式ですが、死しても子どもは特別な存在なのです。

一説では子どもの霊はタタリやすいので、このタタリを抑えるために足踏みをするのだとも言われています。

デパートやスーパーやあるいは通りで、「ダダ」をこねている子を見たら、そういう「古い記憶」を思い起こしてみて下さい。神仏の側にいる子どもの所作には深い意味があるものです。

症例⑨　Z・U　五歳（保育園年長）男児　自閉スペクトラム症　ADHD

育てにくさ

Zくんのお母さんは育てにくさを感じていたので、保育園の年中の一月に児童福祉センターに相談して、Ｚくんはアスペルガーと ADHD の診断を受けました。しかし先生に対応を聞いても、様子を見ましょうとしか言われないので、どう様子を見ればいいのかわかりません。薬はどうかと聞くと、薬は副作用が恐いからもう少し待ちましょうとしか言われません。お母さんは困り果ててしまいました。そして教師をしているお母さんの弟の勧めもあって、Ｚくんが年長の十二月に受診しました。

「死ぬ」「死ぬ」

Ｚくんは二歳から保育園に通っています。最初の頃は独り遊びが多かったのですが、次第に先生とならら遊べるようになりました。最初は顔も真っ青だったとのことです。それから徐々に先生が誘導してくれて、皆の輪の中に入れるようになりました。それでも誰かから何か言われるのは苦手です。Ｚくんがお皿をなめたのを見ていた子が、「お皿なめたらあかんのに」と言うと、Ｚくんはパニックになって「死ぬ」「死ぬ」と喚《わめ》くことがありました。また先生の指示をすぐに理解することも苦手で、周りの子を見て行動しています。

行事ごとの前後は気分が高揚していることが多いのですが、気分が高まって保育園で収拾がつかなくなることはありません。でもこういう時は、三輪車の順番が待てずにトラブルになったりすることがあります。気分の高揚は、例えば運動会の一週間ぐらい前から、一か月後まで続いたりします。

抽象的な質問

家では一日の内でも気分の波が目立ちます。思いが通らないとすぐにカーッとなり、お兄ちゃんに当たります。また、お腹が減ると機嫌が悪くなります。また気がそれやすく一つのことに集中するのが苦手で、話が飛ぶことがよくあります。外出するとよく迷子になります。人を触りたがるのですが、自分が触られるのは嫌がります。

初診時のZくんですが、保育園は楽しいかどうかの質問には無言のままです。しかし、年齢を聞くと、「五歳」としっかり答えてくれます。「誰と遊んでいるの？」と尋ねると、「意味わからへんから言わん」と言います。「家では何して遊んでいるの？」と聞くと、やはり「意味わからへんから言わん」と答えます。お父さんとお母さんの名前はしっかり答えてくれます。答がはっきりしている質問には答えやすいようです。

知能検査（ＷＩＳＣ－Ⅲ）の時は、にこやかに検査室に入室しました。開始早々に姿勢は崩れますが、下位検査二項目まではご機嫌です。三項目の途中からイライラし始め、離席が多く、指示が入りにくくなりました。四項目は立ち歩きしながら回答。五項目からは、「止めたい」「止めたい」を連発。六項目では「止めたいって言ってるやろ」と怒りました。検査中止を告げると、とたんにニコニコし出しました。そして機嫌よく帰っていきました。

保育園では先生が特性を理解されてうまく対応して下さり、何とか無事に卒園。小学校に入りＡＤＨＤ治療薬を服用して、概ね穏やかに登校出来るようになりました。お母さんの仕事が忙しくなり、小学二年生の時に近くのクリニックに転院されました。

遠い風景から日常へのコメント⑨

五歳の「怒り」

お母さんが育てにくさを感じていたのは、生活全般にわたっていると思いますが、やはり一番はＨくんがすぐにカーッとしてしまうことでしょう。診察室でしかＨくんに会わない先生は、カーッとした時の凄さが想像つかないことがあります。

今ではスマホで動画をすぐに撮れるので、画像で先生に訴えることが出来ますが、当時はそんな時代ではありません。お母さんから薬を提案するぐらいですから、相当大変だったことが想像出来ます。

自閉スペクトラム症を持つ子がカーッとなると、たとえ幼稚園の子であっても大人が恐さを感じるほどです。お腹が減ると機嫌が悪くなるというのは、別におかしなことではありませんが、不機嫌の程度が半端ではないのです。

五歳の「死」

気分が落ち込むと、すぐに「死ぬ」と言ってしまいます。これは気を引くためのものではなく、本当に「死ぬ」と思っているのです。「死」という概念は、五歳ぐらいから芽生えて来るようです。

本当に死ぬかは別として、相当辛い思いを表現していると考えておく方がいいでしょう。

治療薬の丁寧な説明

ＡＤＨＤ治療薬は六歳からの処方になりますので、幼稚園年中では使えません。それで他の薬を使用することになります。最初に受診した先生からは、お母さんに、どういう薬があってどういう副作用の可能性があるか全く説明がなかったと言います。

子どもに向精神薬を処方することに抵抗感を持つ医師もいますが、Ｈくんの場合はもう少し丁寧な説明があってもよかったのではと感じます。

また「様子を見ましょう」という時にも、いつまでどういう点に気を付けながら様子を見るのかの説明が必要です。無責任な引き延ばしの言葉であってはなりません。

Ｈくんの初診は年長の十二月だったので、もう少し待てばＡＤＨＤ治療薬が使えます。Ｈくんはカーッとなることが問題だったので、他の薬を先に試すことも出来ましたが、お母さんは待てそうでしたので、小学校に入学してからＡＤＨＤ治療薬を始めました。

症例⑩　N・I　六歳（幼稚園年長）　男児　自閉スペクトラム症

支援の必要性

Nくんは歩き始めも、話し始めも問題はありませんでした。二歳半健診の時には癇癪を起こして「指差し」をしませんでした。それで三歳半の健診は受けませんでした。Nくんは集団での行動が苦手で、特に運動会や参観日などの大勢の人が集まる所は大の苦手です。お母さんは心配で、年長に上がる前に教育相談を受けました。面接と発達検査の結果では、支援の必要性を理解されませんでした。年長になって、Nくんの様子を巡回の発達相談の先生が見て、ようやく「言葉の教室」での支援を受けることが出来ました。そしてその先生の勧めで、年長の十二月に病院を受診しました。

友だちのこと

初診の時に年齢を尋ねると、「六歳。前、目、悪かった」と自分から目の話をし出します。以前に眼科に通院したことがあるので、病院に来てその時のことを思い出したのかも知れません。幼稚園での友だちのことを聞かれると、「毛虫、ムカデがいて、ムカデは平気だけど」と話し出したので、お母さんが割って入りました。お母さんがNくんに、「幼稚園で友だちはいるって聞いているのよ」と言うと、「いません。あっ、いてる」と答えます。

運動が苦手

幼稚園では、朝は表情がすぐれません。集会が苦手で、皆でする活動には入れず、独りで遊んでいます。本が好きなので、独りで本を読んで過ごします。『コロコロコミック』が好きで、家では穴が開くほど読んでいます。幼稚園では身体についての本が好きです。しかし、皆の中で絵本を開くことが出来ません。折り紙が好きで、独りで折り紙を折っていますが、あまり上手ではありません。運動が苦手なようです。リズムに合わせるのが苦手で、踊りが上手く踊れません。跳び箱には、体当たりをしてしまいます。かけっこは、順番が待てないのと負けるのが嫌いなので参加出来ません。

興味のないことは、「何でしなあかんねん」と言って、やろうとはしません。友だちの好き嫌いははっきりしています。でも、好きな友だちにもちょっかいをかけるやり方でしか関われません。

また、お弁当が苦手です。冷たいお弁当が嫌だったり、ベトベトしたのが嫌だったりと理由は色々あるようです。でもお母さんに怒られるので、お弁当を残すことは嫌なようです。

気分安定薬

二回目の受診の時は、診察室のおもちゃが置いてある所にまっしぐらです。ケロロ軍曹の人形を見付けて遊んでいます。お母さんによると、家では頭の中が沸騰しているのかなと思うぐらい、興奮して変な方向に進み、「そわそわして回り出しそう」と言います。

それで早く薬を飲ませたいという希望もあり、気分安定薬を処方しました。それで気持ちもいくらか収まり、卒園式を迎えることになりました。卒園式の練習で、少しお腹が痛くなることはありましたが、卒園式にも参加することが出来ました。小学校はお母さんの希望通り、小規模校に入学することになっています。

遠い風景から日常へのコメント⑩

調整役としての医療

Nくんが二歳半の時に、癇癪がなければ「指差し」が出来ていたかどうかは不明です。それで三歳半の健診は受けなかったとのことですが、受けていた方が良かったと思います。実はこの頃、この地域の発達相談の担当者に発達障害の理解不足があって、巡回の発達相談の先生と上手く連繋が取れていなかったという事情がありました。医者の言うことは渋々でも聞いてくれることがあるので、医療の側でこういう時の調整役をする必要があります。

話に付き合いながら言葉を整える

Nくんは、初診の時は以前にかかった病院のこと、幼稚園の友だちのことを聞かれると、幼稚園で印象深かった別の出来事を話します。質問内容には合いませんが、病院では病院に関すること、幼稚園での質問には幼稚園での出来事と、全く無関係なことを話す訳ではありません。少し話に付き合って、一息付いた隙に軌道修正します。また、話に付き合っている時に、適当な助詞を入れるなどして、話し言葉を整えてあげるのもいいでしょう。

・・

「夜の気分」はチェックポイント

Ｎくんはきっかけがはっきりしない場合でも興奮することがあるようです。気分の変化が大きい子は、夜になると気分が高揚して来ることがしばしば見受けられます。親からは、「夜になると妙にテンションが高くなるんです」という報告を受けます。

夜の軽度の気分高揚には必ずしもすぐに薬物療法を行う必要はありませんが、日中の気分を考える上では大事なチェックポイントです。

症例⑪ J・I

六歳（幼稚園年長）男児

自閉スペクトラム症

不機嫌

Jくんは年中から幼稚園に通っています。年長になって、週の終わりの木曜ぐらいになると「疲れた」とか「休みたい」と言うようになり、不機嫌になって妹をいきなり叩くことがあります。週の最初からなぜか不機嫌なこともあります。

歩き始めの時期は問題なかったのですが、言葉がなかなか出なかったので一歳九か月の時に子育て総合支援センターに相談に行きました。お母さんによると、話し始めは二歳半の時で、いきなり二語文を話したと言います。言葉が出てからも先のセンターに通っていたので、そこでJくんの「いらつき」について相談したところ、病院を受診することを勧められ、Jくんは両親に連れられて年長の十二月に受診しました。

初診の時のJくんは、六歳にしては少し大人っぽい話し方です。「仲の良いお友だちはいますか?」と尋ねると、「いませんね。全員と遊んでいます。一人だけではないですね」と言います。「幼稚園で嫌なことはある?」との問には、「時々あったりします。

時々、まあまあ」という返答です。

自分のルール

幼稚園では入園当初より、初めての場所や慣れない場所は苦手です。人の多い所に入るのは難しくて、その場にいても落ち着きがなく動き回ります。その割には自分から人のいる所に行きたがります。人の嫌がっていることには気付きにくく、ルールが守れません。ルールを自分なりのルールに変えて、自分の思うように続けようとします。

Jくんは気分によって態度が大きく違います。落ち着いている時は、自分の好きなことにじっくり取り組むことが出来ます。相手から言われたことにも聞く耳を持っています。周りの先生やお友だちとも友好的です。

しかし不機嫌な時には、「お前、おっさんか」とか「お前、うっとうしい」などの言葉が出ます。わざと身体をぶつけたり、物を投げて人に当てたりもします。先生や友だちの言うことも耳に入らずに、行動はどんどんエスカレートします。落ち着いている時でも、ちょっとした何かのきっかけでこうなってしまいます。

「おせえぞ、てめい」

二回目の受診の時は待ち時間が長かったので不機嫌です。「おせえぞ、てめい」と言いながら診察室に入って来ましたが、その後は好きなおもちゃを見付けて遊んでいます。気分が変わりやすいのと、頭が痛くなることもよくあるので気分安定薬を服薬してもらうことにしました。

次の受診の時は、診察室に入るとすぐに「直したんかい」と言います。前回来た時に壊れていたおもちゃが直っていることに気付いたようです。服薬後もイライラは見られるようですが、寝付きは良くなったようです。

四回目の受診では、「もっと早く呼べよ」と言いながら入って来ました。またしばらくすると好きに遊んでいます。両親は薬の効きがどうかと思い、五日間ほど薬を止めてみたようですが、服薬している時の方が落ち着いていることが多かったので続けることにしたとのことです。

「車は直ってるやろな」

次の診察では、「遅い。謝ったら済むと思うなよ。車は直ってるやろな」と言いながら、いつも通り遊び出します。幼稚園では「いらつき」は見られるものの、爆発して物を投げるなどのことはなくなったようです。以前よりは過ごしやすくなったようです。

小学校に入学した後も同じような感じで登校も出来ています。小学一年生の十月頃にはずいぶん落ち着き頭痛も見られなくなり、お薬もいったん終了して様子を見るようにしました。

遠い風景から日常へのコメント⑪

「知識」は高評価

Ｊくんの直接の受診理由は「いらつき」だったのですが、言葉の問題が見られ、子育て総合支援センターで相談を継続されていました。初診時には、自閉スペクトラム症を持つ子に時々見られる、年齢に比べて大人っぽい話し方をしていました。因みに、六歳五か月での知能検査（ＷＩＳＣ－Ⅲ）では、言語性ＩＱ１０５、動作性ＩＱ85、全検査ＩＱ95で、言語性検査の「知識」は評価点16と極めて高い値でした。

「上から目線」

診察の時は待ち時間が長いので、まずは悪態をつくところから始まります。しかし最初の不機嫌は長く続きません。小学校に入ってからしばらくすると、その悪態もなくなりました。

中学に入って、中学の先生に診察で悪態をついていた頃の話をすると、「Jくんらしくて想像出来ます」とのことです。

小学校でも中学校でも、上から目線で、勉強の出来ない子をバカにし、いらない一言で相手の不興を買ってしまいます。

交流学級では、学習面では問題はないのですが、なかなか友だちが出来ませんでした。

症例⑫　I・Z　五歳（保育園年長）男児　自閉スペクトラム症

三歳までは健常

Iくんは児童福祉センターの療育には通っているのですが、センター付属の診療所の受診がまだ先になるとのことで、保育園年長の七月に受診しました。

歩き始めや話し始めには問題はありませんでした。また一歳児健診の時には人見知りをしない子と言われたようです。三歳までは別の地方にいて、健常と言われていたとのことでした。三歳の時に今の家に引っ越してきて、保育園もその時からずっと通っています。

入園時から多動

保育園では入園した時から、保育園の先生は「多動」とわかったと言います。

Iくんはすぐに走り回るし、高い所に上ろうとします。どこかに行く時は、とにかく自分が先に行きたくて、他の友だちを突き飛ばします。しかしIくん自身は突き飛ばしたなどとは思っていません。好きな遊びでも思うようにいかないと、友だちを叩いたり蹴ったりします。好きな友だちが一人いて、とにかくその子の横でないと嫌で、ワーッと喚き散らします。

待つことが難しい

プールで静かに浮く課題の時は、自分だけ勝手にバタ足をします。皆で一緒に絵本を読み聞かせてもらっている時は、皆はストーリーを追いながら見ているのに、Ｉくんは目にしたものについて一人で喋り続けています。自分の好きなことはすぐにやりたいので、待つことが難しいのです。お茶が飲みたいと思うと、飲むまでワーッとなるのですが、ちょっとでも飲んだらたちまち落ち着きます。

お父さんの名前

記憶力はよくて、一回通った道は忘れません。パズルも得意で、機関車トーマスが大好きです。

保育園に入園後すぐに「多動」が気になることを先生が両親に話されて、両親は児童福祉センターに相談されました。保育園年少の二月の相談で自閉スペクトラム症を疑われて、年中より「療育」に通い始めました。年少のクラスは十一人だったのですが、年中からは二十四人のクラスに変わりました。クラスの人数が増えた中で、Ｉくんの「多動」はますます目立つようになりました。療育に通っても「多動」は同じことです。それで小学校に入る前には受診をしておきたいとの思いでの受診となりました。

初診の時のＩくんは、診察室ではおとなしく座っています。名前、年齢も正確にはっきりと言いますが、お父さんの名前を尋ねると、「えーっと、わかんない」と答えてくれません。保育園での仲良しの友だちは、「二十四人」と答えます。

遠い風景から日常へのコメント⑫

逆らうこと

Ｉくんはお父さんの名前を本当は知っているようですが答えません。保育園の先生からの報告でも、出来ることでもわざとしないことがあるとのことです。

一連の流れに突然そこだけ「逆らう」ような言動が、活動性の高い自閉スペクトラム症の子にしばしばみられます。友だちの数は素直に答えてくれていますが、二十四人というのはクラスの人数です。

「友だちの数」というのは、自閉スペクトラム症の子どもにとっては少し答に窮する質問です。自閉スペクトラム症の子どもでは、Ｉくんのように真面目にクラスの人数を答える子にしばしば出会います。中学生ぐらいからは、何をもって友だちというのかと不機嫌に話す子がいます。

気分障害

Ｉくんの五歳十か月での知能検査（ＷＩＳＣ－Ⅲ）では、言語性ＩＱ70、動作性ＩＱ78、全検査ＩＱ71です。

家族に躁うつ病の遺伝負因があって、Ｉくんも自閉スペクトラム症に気分障害もみられて、刺激への反応から注意欠如・多動症の要素もみられますので、知能指数（ＩＱ）は変動する可能性があります。

低年齢での気分障害は見落とされやすく、知能検査の結果は検査時の気分によって大きく変わることがあるので注意が必要です。

「多動」は安直に注意欠如・多動症と考えるのではなく、自閉スペクトラム症と気分障害は少なくとも念頭に置いておかなければなりません。

気分安定薬の服用

Ｉくんは年長の八月から気分安定薬を開始しています。最初は少量からの開始で、「多動」には目立った変化はありませんが、ぐっすり眠れるようになりましたので、日中の気分も幾分安定していると推測されます。

自閉スペクトラム症の子どもは、寝ているようでぐっすり眠れていないことがあり、薬を開始するまで気付かれないことがしばしばあります。Ｉくんも初めてぐっすり眠れるようになりました。

運動会のような行事があると落ち着かなくなるので、薬を増量したところ「多動」も改善してきています。

年長の十二月には児童福祉センターを受診出来るようになりました。

症例⑬ Z・L 三歳（幼稚園年少）男児 自閉スペクトラム症

言葉の拙さ

Zくんは二月生まれなので、同じクラスの友だちよりも出来ないことが多いのは当たり前です。それを考慮しても、他の子どもより集団への馴染みにくさが目立ち、幼稚園の勧めで幼稚園年少の八月末に病院を受診しました。

歩き始めは一歳二か月で、話し始めも遅れはなく、三歳児健診でも問題はありませんでした。ただ、両親は言葉の拙さを感じていました。日常的に「指差し」は少なく、この年齢によくみられる親への質問攻めもありません。電車には興味があって、車内アナウンスを良く覚えています。

「知らん」

初診時は、お母さんの名前は教えてくれましたが、お父さんの名前を尋ねると、しばらく間を取って「知らん」と言います。お父さんは単身赴任で日頃は離れて住んでいますが、その日は休みを取って両親で来てくれました。「知らん」と聞いたお父さんはちょっと寂しそうでした。

幼稚園は「好き」、幼稚園での楽しいことは「プールで遊ぶこと」と、せいぜい二語文ですが答えています。受診した七月はちょうど幼稚園ではプールで遊ぶ時期だったので、その印象が強かったのでしょう。

泣かない

幼稚園の先生はかなり気にかけていました。Zくんはほとんど言葉が出ません。何に対しても「ふん、ふん」としか答えません。一斉での指示は理解出来ません。先生が「お外で遊びましょう」と言っても、皆は外に出ているのに、Zくんはその場で立ったままです。先生が付きっきりでないと理解出来ません。また、感情を表に出すことはなく、押されても転んでも泣くことはありません。

先生に直接話を聞けたのは十二月のことでしたが、入園当初の四月から状況はあまり変わらないということでした。

家では、独り遊びが出来るのでおとなしく過ごせています。

遠い風景から日常へのコメント⑬

心理検査

受診前の七月に幼稚園の近くの大学の心理センターで、心理検査（田中ビネー知能検査V／注1）を施行され九か月の遅れを指摘されています。幼稚園の先生から問題を指摘されて初めて医療との関わりを考えて頂いて、その結果が受診を後押ししたと思われます。

発達検査

幼稚園では言葉がほとんど出ませんでしたが、三歳七か月での発達検査（新版K式発達検査二〇〇一／注2）での発達年齢は、全領域は四歳三か月で、言語・社会では五歳四か月と高い値を示していました。認知・適応が三歳三か月、姿勢・運動が三歳一か月で少し遅れています。

検査の様子は、テスターが検査用紙を取り出すとすぐに手に取ろうとして、返すようにと言うと投げ返すことが多かったと言います。

出来る検査には集中して取り組みますが、出来ない検査の時はふざけたり、検査用具を投げたりしていました。四十分を過ぎると離席して室内を走り回ったりしましたが、声掛けで着席することが出来ました。

幼稚園でも日頃の支援が必要ですが、卒園までにはかなりの改善が見込めます。両親と幼稚園の先生のサポートのために、自閉スペクトラム症の診断書を作成して療育に繋ぎ、年中の四月から療育に通うようになりました。

注1　田中ビネー知能検査Ⅴ　一九四七年に田中寛一によって出版された知能検査の一種。一九五四年、一九七〇年、一九八七年と改定され、二〇〇五年「Ⅴ」が出版された。Ⅴ以前は本来の定義の知能指数（比率ＩＱ）を算出していたが、Ⅴでは偏差値のＩＱが出せる。これによって数値はより正確なものになった。ビネーとはフランスの心理学者、アルフレッド・ビネー（Alfred Binet　一八五七〜一九一一）のこと。知能検査の創始者である。

注2　新版Ｋ式発達検査二〇〇一　一九五一年に嶋津峯眞、生澤雅夫等によって京都市児童院（一九三一年設立、現京都市児童福祉センター）で開発された発達検査。当初、適用年齢は〇歳から十歳だったが、一九八五年版では上限が十三歳、十四歳まで上がり、二〇〇一年版では成人にまで拡張された。

症例⑭ S・L 六歳（幼稚園年長） 男児 自閉スペクトラム症

天邪鬼

Sくんは友だちとの関わりが苦手で、幼稚園では独りで遊んでいることが多いので、先生は年少の時からずっと気になっていました。お家の方には折に触れて専門機関への相談を勧めていましたが、なかなか相談には繋がりませんでした。来年の小学校への進学を控え、年長の七月にやっと受診出来ることになりました。

Sくんの歩き始めや話し始めに遅れはなく、乳幼児健診でも問題を指摘されたことはありません。家では、ご飯と言っても来ようとしません。お母さんによるとSくんは天邪鬼で、アスペルガー障害ではないかと思っていたと言います。

「わからへん」

初診時のSくんは、質問に対して「わからへん」という答が目立ちますが、きちんと答えようとしてくれていました。「お友だちの名前を教えて」と言うと、「えーっと、えーっと、人多いからわからへん」と言います。「幼稚園で嫌なことは」と尋ねると、「うーん、うーん、わからへん」と答えます。好きな遊びは明確で、「仮面ライダー」です。

階段が昇れない

幼稚園では人との関わりが難しいのですが、それは他の人にあまり興味がなくコミュニケーションが苦手というだけではなく、体力がなさ過ぎて遊びにならないのです。家の階段が昇れないので、マンションに引っ越しました。マンションだと自分の住んでいる階までエレベーターが使えるからです。運動やダンスをすると、真っ青な顔をしています。さらに体温調節が困難です。汗をかいたことがないのと、寒さにも弱いということです。

偏食の問題もあるのですが、自閉スペクトラム症でよく見られる味覚や触覚（舌触り）の問題ではなく、咀嚼する力が弱く、硬いものが苦手なようです。

色や居場所などにこだわりは見られますが、それで先生が困るということはありません。

遠い風景から日常へのコメント⑭

PDD-NOS

Sくんは現在（DSM-5）の診断では自閉スペクトラム症ですが、当時（DSM-Ⅳ-TR）の診断では特定不能の広汎性発達障害（PDD-NOS／Pervasive Developmental Disorder-Not Otherwise Specified）です。この「PDD-NOSが理解出来るか」というのが、「自閉スペクトラム症（当時は広汎性発達障害）理解」の試金石だったように思います。難治のADHDと言われる子どもの中には、PDD-NOSにADHDが併存していると考えられるケースがよく見られていました。

お母さんの対応

Sくんは筋力が弱かったり、体温調節が出来なかったりで、自閉スペクトラム症とは別の身体的な問題も抱えているようです。何度もお母さんに小児科受診を勧めましたが、病気を否認するかのように、いつも話をはぐらかしてしまいます。今回の受診も、聞けばアスペルガー障害ではないかと思いながらも、なかなか幼稚園の先生の勧めに応じませんでした。何とか小学校での支援には繋がりましたが、まず親が疾病に向きあうことが大切です。

コラム

ヒトは身体を使う

ヒトは爬虫類？

ヒトは、二本足で歩く動物です。足の上に胴体、胴体の上に頭が乗っています。胴体の上部からは〝手〟が左右に出ています。

人間は他の動物に比べ、頭即ち脳を大きく発達させました。それでこの世界を支配しているのです。ほんとうに？　いえ、おそらく人間がそう思っているだけで、他の生物から見たら、人間なんて大したものではないのでしょう。

G.R.テイラーの『生物学の歴史』1（一九七六、みすず書房）には、一六〇九年に出版されたフランスの「植物学書」が紹介され、以下の文章と図が載せられています。

「フランスでは一般的ではないが、スコットランドにはほんとうに少なからずこんな木が存在するのである。その木から葉が落ちると、水のある方に行った葉は徐々に魚になり、地面に落ちた葉は鳥になる」

また私たちは昔、生物の先生からこんな話を聞きました。

一本の木から、魚と鳥が生まれる

水中に落ちた木の葉は魚に、陸上に落ちた木の葉は鳥になる。フランスの十七世紀の「植物学書」より。

「人間の元となる『生命体』は、まず水の中で誕生し、それが魚となり、水から陸に上がって爬虫類となり、爬虫類から、鳥となるもの、大型化して恐竜となるものが出て来ました。人間はこの爬虫類から進化したものです」

この話、大きくは間違っていないのです。初期猿人に進化する前、ヒトは「哺乳類型爬虫類」（現在の名称は単弓類）と呼ばれていました。この哺乳類と爬虫類が分かれるのは、哺乳類になるものは「恒温性」（爬虫類は変温性）を獲得したからと言います。しかしその前は、どちらも魚でした。

テイラーの紹介した「植物学書」は、「植物から動物が生まれる」ということを描いていますが、これもよくよく考えれば、まんざら「ウソ」でも「ホラ」でもないのです。「生命の誕生」の過程に、そういう生命の循環があったということではないでしょうか。また脊椎動物としてのヒトを遡れば、シーラカンス、ナメクジウオ、ピカイアという原始の〝魚〟に行き着きます。

ヒロとアタ

話は変わりますが、「ヒロ」とか「アタ」という言葉を聞いたことがありますか。古代からある〝もの〟を計る単位の言葉です。「ヒロ」は「尋」と書きます。「アタ」は「尺」「咫」と書きます。「尋」はヒトが両手を一杯に広げた長さです。約一・五から一・八メートルくらいです。「咫」は親指と中指をいっぱいに伸ばして、それで〝もの〟の長さを測ります。約一七センチメートルくらいです。古代の人はこういう風に、自分の身体を道具（物差し）にして、長さを知りました。

今はほとんど使いませんが、「咫」はあるものにその存在を留めています。「そばちょこ」です。ざるそばを食べる時に使うつゆを入れる、あの湯飲み茶碗のような器です。この器の径《けい》は「咫」から算出されています。それで「そばちょこ」はとても持ちやすいのです。掌が欲した「径」だからです。

「尋」は、私たちは神話で知っています。『古事記』や『日本書紀』に見られる神話で、海幸彦の弟・山幸彦の妻の豊玉ヒメが御子を生む時、「八尋《やひろ》ワニ」に化したという物語です。「八尋の長さのワニ」とは、ここでは大きなおおきな蛇ということにしておきます。そう、ワニも蛇も、爬虫類です。美しいヒメは、原始の姿に戻って、「子生み」という大切な神事を果たしたのです。

ヒトは魚でした

こうやってヒトを見てみると、ヒトは「身体」をうまく利用して進化してきたことがわかります。

脳からの信号かも知れませんが、ヒトは身体をうまく使い、水の中をすいすいと泳いでいた魚の時のような、なめらかな動きを本来持っているのです。何とかあの時のような動きを今に取り戻せないものでしょうか。「あの頃」に比べると、身体が硬くなっているようなのです。不器用になっているようなのです。

こころがザワザワした時、「そばちょこ」を掌でくるんでみると、案外、落ち着くかも知れません。ヒトには〝落ち着くサイズ〟というものがあるのです。それから、水泳もいいかも知れません。「かつて、ヒトは水の中にいた」という「水の記憶」を取り戻すことが出来るかも知れません。ヒトは確かに進化してきましたが、「太古」に忘れ物をしてきているのかも知れません。

「植物から動物が生まれる」という空想は、「人間がその昔、魚であった」と同様に楽しい記憶です。

症例⑮ U・Z 四歳（幼稚園年中） 男児 自閉スペクトラム症

礼儀正しい

Uくんは幼稚園での指示がなかなか頭に入りません。先生は年少の時から気になっていて、一年経ってもあまり進歩が見られなかったので受診を勧めたとのことです。Uくんは年中になって間もなくの五月にお母さんと受診しました。

Uくんは診察室に入ると「お願いします」と言い、診察が終わって帰る時にも「ありがとうございました」と礼儀正しい振る舞いをします。実は、Uくんはこの私立の幼稚園に入るために、小さい時から塾に通っていました。そこで挨拶のトレーニングも受けていたので、この手の振る舞いは得意です。

お母さんとの関係

Uくんの話し始めは、お母さんによると二歳ぐらいということでしたが、一方では自分の名前は一歳半で言えたともいいます。乳幼児健診でも問題は指摘されていないところをみると、話し始めの時期は問題がなかったと考えられます。お母さんが考える「話し始め」は二歳ぐらいだったのでしょう。お母さんもコミュニケーションが苦手で、Uくんとの関わりは少なく、情緒的な交流はありません。声掛けは、何かを指示する時ぐらいです。

幼稚園では集団の中での指示は頭に入りません。周りの友だちの行動を見て何とか動くのですが、周りを見ても「色塗り」は正しい色が塗れません。少しボーッとした感じで、感情の表出もあまりありません。高い所から飛び降りるのは好きなようで、後先考えずに飛び降りて、怪我をしたことがありました。水をいじるのが好きです。食べ物の好き嫌いは多いです。

声掛け

Uくん自身の特性もさることながら、とにかくお母さんにUくんへの声掛けを増やすようにお願いしました。そして少しでも早く療育に通って、人と関わる機会を増やすように伝えました。何とか療育を紹介してもらって、それでやっと療育に通い出しました。

遠い風景から日常へのコメント⑮

お母さんの問題

幼稚園年中の秋頃から通院は途切れて、次に受診されたのは小学一年生の十二月でした。小学校は幼稚園と同系列の私立小学校です。結局、お母さんが忘れがちで、療育も次第に行かなくなったと言います。小学校に入ってからは何とかやっているとのことで、一回のみの受診でした。

ADHD治療薬

その次に受診したのが小学五年生の十二月です。やはり集中力が続かず、一斉授業は難しかったようですが、お母さんがズルズルと先延ばしをしていて、受診がこの時になったようです。いよいよ勉強に付いていけなくなって、限界というところでの受診です。

学校の先生と連繫をとって、ＡＤＨＤ治療薬を開始しました。それで小学校は何とか楽しく過ごし、無事に卒業することが出来ました。

症例⑯　I・L　五歳（保育園年中）　男児　自閉スペクトラム症

児童福祉センター

Ｉくんは保育園で発達に問題があると言われ、年中の一月にお母さんと受診しました。お母さんは自分が中学校の時に不登校になったので、Ｉくんには出来る限りのことをしてあげたいと思っていました。児童福祉センターに相談に行こうと思われたのですが、半年待ちと言われたためにこちらを受診したと言います。

算数の「ドリル」

初診の時は診察室に入るとすぐに、空いている机のスペースを見付けて算数のドリルを始めました。小学三年生用の算数のドリルです。お母さんが勉強させようと思って買った訳ではなく、自分で欲しくてお母さんに買ってもらったものです。算数は誰に教わることもなく、勝手に自分で考えてやっています。こちらを見ることはありませんが、質問には嫌がらずに答えてくれます。

物忘れ

歩き始めと話し始めに遅れはありませんでした。幼児健診でも問題を指摘されたことはありません。家では自分の好きなことは出来るけれど、嫌いなことは上の空だそうです。

取りに行ったのを忘れるなどの物忘れが多いようです。外出の時は手を繋いで歩くのを嫌がり、すぐに走りたがります。前を見ているようでいて、人にぶつかってしまいます。

我慢

保育園は三歳から通っています。集団の生活は出来ますが、簡単な指示が頭に入りにくいことがあります。

自分の思いが通らない時は、拳を握りしめて我慢します。友だちとは遊べますが、何かにつけて「Ｉくんのせいや」とすぐに言われます。

手先は不器用で、ハサミを使うのがとても苦手です。絵もあまり上手ではありません。

遠い風景から日常へのコメント⑯

真面目過ぎる

五歳九か月の知能検査（ＷＩＳＣ－Ⅳ）では、全検査ＩＱ１０５、言語理解１１３、知覚推理98、ワーキングメモリー１１８、処理速度86でした。

小学校の先生からは真面目過ぎるとの評価です。わからないと不安になってすぐに質問するのですが、答を待つことは出来ます。字はきれいに書きます。「お直し」にこだわっているようですが、お直しされた時にパニックになることはありません。不器用さも、保育園で言われていたほどでもなさそうです。絵は独特なところがあるようですが、下手過ぎることはないようです。

お母さんは味方

学校では概ね落ち着いていますが、これもＩくんの真面目な性格故に見掛けが落ち着いているように見えるのだと言えます。お母さんはそこのところをよく承知されており、Ｉくんの頼もしい味方です。

症例⑰ T・U 五歳（幼稚園年長） 男児 自閉スペクトラム症

お母さんの性格

Tくんは落ち着きがないということで幼稚園から受診を勧められました。

お母さんはいわゆる「神経質」で、物事をきっちりしないと気が済まない人です。また小さい時から知的なことをさせようとしていたのですが、Tくんは全く興味を示しません。それでも何とか無理にでもさせようとして、自ずとTくんに対する注意も多くなっていました。

両親とともに受診

幼稚園の先生はTくんが年少で入園した時から、とても落ち着きがなく、周囲のことが常に気になり、じっとしていることや待つことが苦手なところが気になっていました。でもそれが、お母さんとの関わりから来ているのか、発達の問題なのか判断に悩まれました。それでTくんの受診を勧めたのです。

お母さんも習い事など色々やらせたいのに、落ち着きがなく一つのことに集中出来ないことが気になっていました。お父さんも受診には賛成で、幼稚園年長の九月に両親とともに受診しました。

将来は「人、守る」警察官

ちょうど受診した九月から幼稚園に行くのを嫌がり始めました。お母さんが理由を尋ねたところ、自由に出来ないから楽しくないと言っているとのことでした。

初診時は、「幼稚園は楽しい?」と聞くと、「はい」との答です。もちろん本当かどうかの判断は保留です。幼稚園で嫌なことは「『ちょっとある』けど、どんなことかは『わからへん』」と言います。

将来なりたいのは「警察官」。理由は「人、守るからいいと思う」と、はっきりと述べています。

すぐに泣いてしまう

幼稚園では集団の中で座っていられません。年長になってやっと座れるようにはなったのですが、それでも他の子よりも動きが目立ちます。

すぐに興味のあることをやってしまうので、ベテランの先生でないと手こずってしまいます。勝ち負けや一番になることにこだわって、人を押しのけたり、強い口調になったりすることがあります。身体を動かすことは好きで、すぐに高い所から飛び降りようとします。

お母さんは家で勉強をさせようと思うのですが、家でも座って勉強することはしません。座って絵を描いたり、物を作ったりするのも苦手ですが、ＤＶＤはいつまでも見ています。

動くことは好きなのですが、買い物の時に勝手にどこかへ行ってしまうようなことはありません。道路へは、注意をしたら飛び出しません。

三月頃は些細なことですぐに泣くようになり、泣き止むまでに時間も少しかかりました。しかしこれも幼稚園に行かなくなってからは、見られなくなりました。相変わらず、座って何かをすることは苦手です。文字には興味を持って書くようにはなりました。

遠い風景から日常へのコメント⑰

「はい」の真意

「幼稚園は楽しい？」の質問に対する「はい」は、とりあえず真に受けてはいけません。質問されたことに対して反射的に「はい」と答えてしまうことも多いからです。

「大丈夫」という答も要注意です。反射的に答えることもあれば、説明が苦手なのでとりあえず「大丈夫」と答えて、その場をしのぐ場合もあります。

記憶の三つの過程

Tくんは小学一年生になって、立ち歩きはないものの、後ろを向いたりして四十分じっと座っているのが難しいようです。話したことを何分後かに聞いても覚えていません。覚えているかどうかという以前に、ちゃんと話を聞けているのかという問題があります。

記憶には「登録（encoding stage）」、「保持（storage stage）」、「再生（retrieval

stage)」の三つの過程があります。まずは話したことを頭の中に「登録」しなければなりません。

自閉スペクトラム症でもADHDでも、この登録を邪魔することがあります。自閉スペクトラム症では、人が話をしている時に他のことで頭がいっぱいになって、話に興味が向かなくなったりします。ADHDでは他の物に注意が引き付けられたりします。

治療薬の要・不要の判断

学校には楽しく通っているのですが、注意されるようなことをワザとしたりします。全体的に落ち着きがなくADHD傾向もあるようですので、夏休み明けの様子を見てADHD治療薬を考える必要もありそうです。

しかし夏休み明けは割と落ち着いて学校生活が送れるようになり、投薬はせずに経過を見ることになりました。

症例⑱　T・F　五歳（幼稚園年長）男児　自閉スペクトラム症　ADHD

保健センター

Tくんは赤ちゃんの時には初めての場所でもハイハイで動き回っていて、歩き始めにも遅れはありませんでした。話し始めも遅れることはなく、乳幼児健診でも問題を指摘されたことはありません。

しかし幼稚園での集団生活が始まると、みんなと一緒の行動は難しかったので、先生はお家の方に発達相談に行くことを勧めました。言葉は「かきくけこ」が「たちつてと」になるなど、はっきりとした発音が難しかったこともあり、幼稚園年中の時に両親は保健センターに相談に行きました。その後も保健センターに通所を続けていたのですが、小学校に備えて医療機関にもかかっておいた方がよいとのアドバイスを知人からもらい、年長の一月に病院を受診しました。

身体が傾く

初診時は絵を描くことに夢中で、質問には応じてくれませんでした。次の二月の診察の時は、やはりひたすら絵を描いているので「絵が上手だね」と声を掛けると、「上手じゃないもん」とだけは答えてくれました。

幼稚園では、じっとして話を聞くことが苦手です。身体が傾いていて同じ姿勢を保てずに、常に身体が動いています。特に年長になった頃はまだ、虫を見付けると追い掛けたりして、自分の思いのままに行動をしていました。大事な話をしていても他のことへ気が向いてしまい、立ち歩いたりしていました。

それでも秋頃からはTくんなりに気を付けているようで、話を聞く場面では静かにして、自分から姿勢を正して前を向くことが出来るようになっています。

「大太鼓をする」

絵を描いたり、何かを作ったりすることは大好きです。このような興味のあることに対しては、周りの友だちが何かをしていても、気にすることなく長時間集中して取り組むことが出来ます。しかしそれ以外のことは途中で投げ出して、遊んでしまうことがあって、そのつど声を掛けなければならないことも目立ちます。

運動会の時は、自分から進んで「大太鼓をする」と言って立候補をしたのですが、他のことに気を取られて思うようにいかず泣き出してしまうこともありました。

友だちとトラブル

Tくんは自分の遊びに手を出されることを嫌います。その思いを言葉で伝えることが苦手で、泣き喚いたり、時には友だちを叩いたりしてしまうことがあります。それでなかなか友だちが出来にくかったのですが、年長の秋頃からは友だちに声を掛けて遊ぶことも出来るようになりました。しかしTくんは自分の思いが強いので、相手の気持ちに気付けずにトラブルになることもよくあります。

「わかってるもん」

病院を最初に受診した頃も、先生の話では、集中力や我慢する力が弱くて、他のことに気を取られてしまったり、しなければならないことが最後まで集中して出来なかったりするということでした。

また、自分で「してはいけないこと」はわかっているようで、先生から声掛けされると、「わかってるもん」と言います。Tくんなりにしっかりしようとしているのはわかるのですが、それがなかなか続かないとのことです。

遠い風景から日常へのコメント⑱

トーストの焦げ目

Tくんの受診は幼稚園年長の一月でしたので、あと少し待てば一年生です。小学校に入ってからの受診でも、良いのではないかと思われるかも知れませんが、変化を見ることが大切です。幼小連繫などで先生同士の情報の伝達はあっても、かなり情報が限られてしまいます。自閉スペクトラム症は、日常生活のちょっとしたところにも特性が顔を出し、あまりにも日常過ぎてエピソードとして拾い上げにくいのです。

その結果、日常的な診療では次のようなやり取りになるのです。

医師「どうされました？」

親　「この子はこだわりが強くて……」
医師　「どういうところが？」
親　「……ちょっと思い浮かびません」
例えば、朝食の時の光景です。トーストが焼き上がりました。それを見た子どもは突然喚《わめ》き散らします。その尋常ではない子どもの混乱に、お母さんは何のことかわからず困ってしまいます。何度かそういうことがあって、やっとトーストの焦げ目が気に入らないことに気付きます。日常生活の至るところで同じようなことが起こります。
こういう細かなところは、紙面のやり取りだけではなかなか伝わりません。小学生になってからの問題の評価は、幼稚園の時から出会っておくと、より正確なものになるのです。

「多動」
Tくんの問題の一つに、「多動」をどう扱うかの問題があります。「多動」がすべてADHDの問題という訳ではありませんから（これは第二巻で詳しく扱うことになります）、ＡＤＨＤ治療薬を使う時には「多動」の評価が肝心です。

小学校入学後のＴくんは、幼稚園の時に比べて、刺激の少ないところでは集中して課題に取り組めるようになりました。授業中は最初の頃は割とおとなしくしていたのですが、学校にも慣れてきた六月頃には、発表の順番が待てずに、友だちが当てられている時にも答えてしまいます。しかし席を立ち歩くことはありません。二学期も何とか過ごしましたが、三学期になって忘れ物が目立ち、学校では先生に注意されることが増えてきました。

学校以外の場所では、目に付いたものをすぐ触ってしまうので、買い物の時には両親は目が離せません。店の駐車場では周りを見ずに先に先にと行ってしまうので危なくて仕方ありません。このためＡＤＨＤ治療薬を開始し、小学四年生まで服薬していました。

コラム

「コムデギャルソン」という思想

カーディガン伯爵

コムデギャルソンというデザイナーズブランドのピンクのカーディガンを羽織った時のことです。そのカーディガンは細い毛糸で編まれ、刺繍のように両サイドに大柄の花模様が編み込まれた、ちょっとお洒落なカーディガンでした。カーディガンという名は、戦争から生まれました。クリミア戦争（一八五三～一八五六）で戦ったイギリスのジェイムズ・ブルーデネル（一七九七～一八六八）即ち第七代カーディガン伯爵が、怪我をした戦士たちが衣服を脱ぎ着しやすくするために考案したものと伝えられています。それで伯爵の名を採って「カーディガン」。

ボタン

「カーディガンを羽織る」と言いましたが、前開きなので、頭から被ったりせず、寝た状態でも、脱いだり着たりすることが出来ます。前には「ボタン」が付いています。そのボタンをボタンホール（ボタン穴）に入れると、前は閉じられ、セーターに早変わり。また寒い時には、ブラウスやセーターの上に羽織って、重ね着が出来ます。ボタンのおかげで色々に着ることが出来るのです。

ところで私の羽織ったコムデギャルソンのピンクのカーディガンはボタンが普通のようにはうまく留まりませんでした。「あ、掛け違えた」と思い、上から下へ丁寧にボタンを掛け直しました。しかし、どうも一つずつボタンを掛け誤っているような……。よく見ると、そのカーディガン、ボタンとボタンホールが左右対称に並んでいませんでした。一個ずつずらしたものでもなく、微妙にボタンとボタンホールの位置がずれていて、鏡の前でその形を見てみると、上部はそう目立たないのですが、下の方がかなりずれています。

今までの日常感覚でこの形を見ると、ボタンの位置を付け間違っていると思われそうですが、これ、コムデギャルソンの〝デザイン〟なのです。

川久保玲

コムデギャルソンの創始者・川久保玲《かわくぼれい》にあっては、服は肉体や思想の表現です。彼女の哲学です。

「どうして、ボタンはきちんと並んでいなくてはいけないの」
「ボタンをずらすとふくらみが出る、これも美しいでしょ」
「普通のカーディガンでも、ボタンを掛ける位置をずらしたら、それだけで、別の形になる。そりゃあ、他の人からは『あの人、ボタン掛け違えている』と言われるかも知れないけれど、それでそんなことわざわざ誰もしないのだけど、だからこそ初めからボタンを掛け違えた形を作ってみたの」

そのピンクのカーディガンの前の微妙なふくらみは、とてもやさしいのです。まあるいのです。そしてその不思議な曲線は身体の動きを締め付けなくて自由。直線であった世界がボタンをずらすことで、曲線の世界に生まれ変わっていました。

これはコムデギャルソンのほんの一例。コブを付けたニットの服やドレス、裏が表のTシャツ、背中部分がないTシャツなどなど、もういくつもの〝日常〟

を無視した服が、コムデギャルソンからは生まれています。これはコムデギャルソンの思想です。川久保玲の哲学です。それで一九六〇年代から七〇年代に誕生した日本のデザイナーズブランドが次々と姿を消す中、コムデギャルソンは今も世界的ブランドとして生き続けています。

コムデギャルソンの
ピンクのカーディガン

"自由"の表現

A子さんは、うまくボタンを留めることが出来ません。ボタンの服が苦手です。時々掛け間違いをしたり、ボタンが外れたりしています。A子さんは不器用なのかも知れません。時間もかかりますし。けれど、ボタンが一つずつずれていることで、A子さんが、その服を「着やすい」と思ったら、それはそれでいいのではないでしょうか。服は〝自由〟の表現です。

コムデギャルソンの思想では、「その服は、あなたが着たいように着たらいい。みなと一緒である必要なんかない」ということになるでしょう。

症例⑲　Z・L　四歳（幼稚園年中）男児　自閉スペクトラム症

「様子を見ましょう」

Zくんは歩き始めや話し始めに遅れはなく、乳幼児健診でも問題を指摘されたことはありません。しかし幼稚園では先生の指示には従わずに、勝手なことをやってしまいます。例えば、体操をする時に、皆はちゃんと体操しているのに、Zくんは音楽を鳴らしているカセットを触っています。幼稚園ではそんな様子なので、幼稚園の先生に発達検査を受けることを勧められて、地元の機関で年少の二月に検査を受けました。

両親によると、記憶に関するところは十歳だけど、人との交わりに関しては二歳と言われたといいます。因みに、検査の時のZくんの生活年齢は四歳でした。そして近くの発達を診てくれるクリニックを受診したのですが、「様子を見ましょう」としか言われませんでした。両親はそれでどうしたらいいかわからず困っていたところ、知り合いの看護師さんに勧められて、幼稚園年中の四月に受診されました。

初診時のZくんは、表情は乏しく話し方も抑揚が少なく単調ですが、受け答えはきちんと出来ます。家で嫌なことは、手を洗った時に失敗することだそうです。両親によると、Zくんは袖口が濡れることを極端に嫌うということなので、Zくんの失敗は袖口を濡らすことのようです。

幼稚園でも話をする時に目が合いにくく、表情が乏しいようです。言葉は知っているのですが、話し方は単調で、興味のあることは一方的に喋ります。喜怒哀楽はあまり表わしません。

数字に興味

幼稚園の朝は自分のコップを出すなどの「朝の用意」があるのですが、コップ置き場に行くのにも時間が掛かります。何かが気に掛かると、「そっちいや」と言って行こうとしません。そういう時に先生が数字を数えると、なぜか行くことが出来ることがあります。数字に興味があるようなので、そのことと何か関係があるのかも知れません。

姿勢の保持は難しく、三角座り（体育座り）は二十秒程度で、椅子に座るのも苦手です。活発という訳ではないのですが、高い所に登りたがります。音には敏感で、クラスが騒がしいと嫌がります。

友だちとは関係を持ちたいようですが、抱き付いたり、逆に手を上げるような恰好をしたりと、相手が嫌がる行動をしてしまいます。関係を維持するのも苦手で、例えば電車について話をする時も「これは電車だよ」と言って終わりといった具合です。パニックになることはありません。

遠い風景から日常へのコメント ⑲

恐竜の話

Zくんは表情に乏しく、少しボーッとした感じがします。このような場合、知能的には大丈夫かなと心配されることがありますが、知能的には高い場合が結構あります。Ｚくんの五歳七か月での知能検査（ＷＩＳＣ－Ⅲ）では、言語性ＩＱ１２８、動作性ＩＱ１０７、全検査ＩＱ１２０と高い値を示しています。また表情が乏しいために、外見からは喜怒哀楽があまりないように見えますが、内面はそうでないことも多いので注意が必要です。

小学校に入った頃は、幼稚園の遊びが出来ないのが気に入らなかったようです。興味は「数字」、「人体」から「電車」に移り、今は「恐竜」なのですが、恐竜の話を聞いてもらえないのが嫌なようです。

服薬の効果

先生の話を聞かずにボーッとしていることがあります。自閉スペクトラム症の場合は、不注意というより、相手の話はそっちのけで頭の中は自分の興味のあることで一杯なことが多いようです。それで知能に見合わず、勉強があまり得意でない子も多いのです。

Ｚくんの親は中学受験をさせたかったのですが、小学三年生ぐらいからどんどん成績が悪くなっていきました。進学校などは夢のまた夢です。しかしＡＤＨＤ治療薬を使用してから成績も徐々にあがり、小学校五年の頃には進学校のしっぽが見えてきました。そして勉強は何とか間に合って、Ｚくんの希望の進学校に合格出来ました。

中学進学後も服薬を続けて、勉強と部活で充実した中学生活を送りました。

症例⑳　Ｎ・Ｔ　六歳（保育園年長）男児　自閉スペクトラム症

躁うつ病の母

Ｎくんは小学校へ入学する直前の三月末に、お母さんと保健師さんとで受診しました。お母さんは地元の精神科クリニックに通院していて、躁うつ病と診断されています。お母さん自らは、自分も発達障害ではないかと思っています。お母さんの精神状態が不安定なので、小学校入学にあたり何とか病院に繋いでおこうという発達相談員の考えで受診されたようです。

Nくんは一歳八か月健診の時に、「可逆の指差し」が不十分で、すぐに興奮することや多動、指示の入りにくさが見られていました。二歳一か月から継続して発達相談の援助を受けていました。初診時は生活年齢から一年程度の遅れと言われていました。

保育園では集団行動が苦手で、遊び相手は男の子より女の子が多いようです。写真に写るのが恐怖なようで、カメラを向けるとパニックになるほどです。嫌なことがあるとパニックになることが多いのですが、その中でも写真は別格です。描くことは苦手で、描いたものを見られないように、すぐに隠そうとします。身体の協調運動が悪く、スキップは出来ません。

初診時には質問には答えてくれましたが、友だちの名前を聞いてみると、「秘密にしとく」という答です。理由は話してくれませんでした。

小学校は特別支援学級に入級しました。

ゲームに夢中の両親

知能検査は四月の予定でしたが、お母さんの精神状態が不安定で受診出来ず、結局六月になりました。知能検査（ＷＩＳＣ－Ⅲ）では、言語性ＩＱ66、動作性ＩＱ80、全検査ＩＱ70で、知的には境界域でした。結果の説明には、お母さんと先生が一緒に来られました。説明に対して、お母さんは上の空で身が入っていません。先生にお任せという感じです。

先生にはあらためて来院いただき学校での様子を窺《うかが》いました。学校には慣れてきて、学校を嫌がることはありません。しかし皆と同じことは出来ません。授業中も自分の思いで立ち歩きます。授業中にもかかわらず、教壇に立って先生の真似をして、ぬいぐるみのピカチュウに算数を教え出したりします。放課後は一緒に遊ぶ友だちがいて、長い時間友だちの家にいるようです。このあたりは先生も把握出来ていないようです。

Ｎくんの話によると、両親ともに夜はずっとゲームをして過ごしているようです。先生も家の様子が心配のようでした。

その後、受診は一回で中断しました。

遠い風景から日常へのコメント⑳

扶養手当

小学三年生になって、扶養手当の診断書を希望されてお母さんが受診されました。久し振りの受診であったため、受診を継続することを条件に診断書を作成しました。しかし受診は一回だけでした。

お父さんと受診

小学六年生になって、今度はお父さんと受診されました。両親は離婚され、Nくんはお父さんと暮らしているようです。お父さんは病院にはずっと通院しているものと思い、離婚して初めて通院していないことを知ったと言います。

小学六年の受診時に知能検査（今度はＷＩＳＣ－Ⅳ）を再検査しました。検査結果は、全検査ＩＱ83、言語理解84、知覚推理93、ワーキングメモリー73、処理速度91と、少し結果は良くなっていました。小学校の間、どういう生活をされていたかわかりませんが、とりあえず以前より数値が低下していないことにホッとしました。

「これからは私が連れて来ます」と言ったお父さんも、計四回で受診に来られなくなりました。

…………

症例㉑　Z・T　六歳（幼稚園年長）男児　自閉スペクトラム症

リトミック

Zくんは歩き始めも話し始めも遅れはなくて、乳幼児健診でも問題は指摘されていませんでした。しかし二歳の時に参加したリトミック（注1）では、お母さんとべったりで、他の子とは遊べませんでした。幼稚園年少の時は、お母さんと離れるのが嫌で朝はよく泣いていました。最初は何とか幼稚園に通えていたという感じでしたが、おとなしいながら次第に幼稚園にも慣れてきて、年長では舞台に立って皆の前で台詞《せりふ》を言ったり歌を歌ったりすることも出来るようになりました。

六個の箱

ところが何がきっかけかはわかりませんが、年長の六月後半から様子が変わって来ました。最初は険しい顔で六個の箱を何回も並べ直していたようです。皆で集まっている時にも独りで絵本を読んでいて、声を掛けられても動けません。水着に着替えるのが恥ずかしいと言って、プールの時でも水着には着替えません。

緘黙

家では普通に喋りますが、幼稚園ではほとんど喋りません。友だちとは一対一なら少し喋ることはありますが、先生には「指差し」か、「アッ」という発声で物事を伝えます。お母さんは心配して「緘黙で有名」という病院を探し出して、片道三時間近くかけて通院を始めました。本人は最初の一回のみで、後はお母さんだけが相談に行かれていたようです。そこでもよくわからないようでしたが、発達障害があるのかも知れないと言われたようで、また発達障害だとしたらここでは何もすることがないと言われたと言います。それで発達障害の問題はこちらでと思われて、年長の十二月末に受診されました。

心理士さんの報告書

「緘黙で有名」な先生というので紹介状（診療情報提供書）を楽しみにしていたのですが、紹介状はありませんでした。それもそのはず、病院のドクターではなく、病院の小児科で相談に乗っている心理士さんに診てもらっていたようです。お母さんが持っている心理士さんの報告書を見ると、ごく一般的な心理士さんの報告書でした。しかし心の依り所として長時間掛けて通われているので、「もっと近くの心理士さんに相談したら」とは言わずにそっとしておきました。

抗不安薬

初診時のZくんは全く喋らなかったのですが、二月の二回目の診察の時は、「こんにちは」から始まって、少し話をしてくれました。Zくん自身も幼稚園で喋りたい気持ちがあるようでした。そういう気持ちがあるのならと抗不安薬の提案をしたところ、お母さんも試したいと積極的でした。

服薬後はZくん自身も楽になったと言い、進んで薬を飲んでいます。小学校に進学後は、何とか学校でも喋っており、楽しく通えることが出来ています。

遠い風景から日常へのコメント㉑

表情が和らぐ

Zくんは抗不安薬服用後、少しずつ喋れるようになりましたが、当然のことながら抗不安薬を服薬したら緘黙の子が喋り出す訳ではありません。しかし緘黙が続いても服薬していると、表情が和らぎ笑顔が増えてくる子も少なくありません。

その後のZくんですが、「こだわり」や「切り替えの悪さ」、「物忘れ」などの自閉スペクトラム症の問題が顔を出しながらも、だいたい落ち着いて生活していました。

負担を減らす

ところが小学二年生の三学期頃から集中出来ないことが増えて来ました。授業中に櫛を持って来て折ったり、ノートをビリビリに破いたりという行動が目立ちます。診察の時に学校のことを尋ねると暗い顔をします。

先生に学校の様子を聞いてみると、勉強に付いていくのがだんだんと難しくなり、宿題もかなり負担になって来ていることがわかりました。それでZくんの課題の量を少し減らしてみてもらいました。それからは問題行動がなくなり、再び落ち着いて生活が出来るようになりました。

……………………

注1　リトミック　リトミックの発音はフランス語のRythmiqueから来ている。因みに英語ではEurhythmics（ユーリトミクス）。直訳は「リズム体操」。十九世紀末から二十世紀初頭にかけて起こった、音楽による情操教育。発案者はスイス、ジュネーブの作曲家、エミール・ジャック＝ダルクローズ（Émile Jaques-Dalcroze　一八六五〜一九五〇）。音楽教育家でもあった彼は、「リトミック」によって、注意力・集中力・思考力・社会性・協調性などの能力が引き出されることに気付き、スイスの心理学者、エデュアール・クレパレード（Édouard Claparède　一八七三〜一九四〇）の影響下、リトミックによる音楽教育を確立した。日本では、国立音楽大学の板野《いたの》平《やすし》（一九二八〜二〇〇九）が、本格的に日本の教育に取り入れた。エピソードとして、作曲家で指揮者の山田耕筰は、自らダルクローズを訪ね、「リトミック」が放つ〝気付き〟の洗礼を受けたという。現在、リトミックは、幼児教育・障害児教育に積極的に取り入れられている。

コラム

ネコと椅子

イームズの椅子

野良猫チビが二階に音立てずに上ってゆきました。後を付けてゆくと、案の定、イームズの椅子に座っています。

イームズの椅子とは、アメリカのデザイナー、チャールズ・オーモンド・イームズJrの作品です。彼はデザイナーで建築家で、映像作家でもあります。ただ「イームズの椅子」は、彼のインダストリアルデザイナーとしての作品で、妻、レイ・イームズとの共同制作です。インダストリアルつまり工業製品ですから、アート作品と違ってある程度量産されました。それで、私たちは色々な場でこのイームズの椅子を目にしています。

一九四八年に発表されたこの椅子は、今も全く同じデザインのまま売れ続けています。ただ、少しお値段が高いので、現在は中国製のレプリカも出ています。このレプリカの普及もあって、カフェやホテルのロビー、公共施設などでこの椅子は多く使われています。

肘掛けがない

イームズチェアは一名シェルチェアとも言います。「まあるいカーブ」がまるで「貝のよう」だからです。座ってみると、この椅子の人気の秘密がわかります。背中・臀部・太腿《ふともも》をまあるく包むように、この椅子は設計されていて、私たちは、この曲線に身を委ねることが出来ます。まるで、人に抱かれているような心地良さです。

我が家のイームズチェアは一脚のみ。昔むかしに購入しました。インダストリアルデザイナーの知り合いに勧められての購入です。プチ贅沢なお買い物でした。もちろんレプリカではありません。

「いい椅子とは何か？　ではなくて、座るための椅子の心地良さを体験して欲しいのです。座りにくくても美しい椅子というものはあります。それはそれでいいのですが。

このイームズの椅子の特徴はまず、肘掛けがないことです。不安になる？

いえ、座ってみて下さい。むしろ安心を得るでしょう。身体が包まれる。そう、お母さんに抱っこされているみたいな感覚になるでしょう」

知人の饒舌な講釈に乗せられて、私はその椅子に座りました。食堂や机の椅子としてはアウトですが、「遠い風景」を眺めたり、軽めの本を読んだり、人を待ったりするのに、最適だと思いました。この椅子の形は身体を「ゆるく」してくれるのです。リラックス。

チビのお気に入り

ところで野良猫チビですが、つい最近までは二階の出窓を一番のお気に入りにしていたのです。ところがある日、仕舞われていた古いイームズチェアを出して、「きれいにして、また使おう」と思っていたら、先を越

されたのです。占領されてしまいました。

野良猫チビは人が座るとお尻がまあるく包まれるそのゆるい凹みに、うまく身体を合わせています。ウトウト。きっと「お母さんに抱かれているみたい」と思っているのでしょう。

その時、「抱っこを嫌う赤ん坊」のことが思い出されました。お母さんの身体に自分の身体を合わせることが出来ない赤ん坊。お母さんの方は、赤ん坊の柔らかさに戸惑っているのではないでしょうか。お母さんも一所懸命身体を柔らかく「ゆるく」して、フワッと赤子を抱く努力をしているのですが。

「そんな難しいこと——言葉で言うのは簡単だけど、どうやればいいの、ゆるく抱くって」

おくるみ

生まれたての赤子は「おくるみ」に包まれています。お母さんの身体はその「おくるみ」なのです。

日本の神話にニニギの命という赤ん坊の神さまが登場します。天上から地上に降《ふ》ることになったその赤ん坊の神は、「マドコオブスマ」という名の「おくるみ」に包まれて、天上から地上に降りて来ます。「マドコオブスマ」の正体は真綿《まわた》です。お蚕さんの繭をのばして作る綿です。絹です。

ヒトは生まれると、言葉と二足歩行を獲得するための努力をしなければなりません。赤子からの脱却、成長です。「話し始め」「歩き始め」の二つは同時に獲得するものですが、まだ「赤ん坊」と呼ばれている頃、言葉は遠いものです。赤ん坊はまず「触感」を獲得していると思われます。母乳を嫌がったり、抱っこを嫌がるのは、その「接触面」に違和感を生じているからでしょう。少しでもその「嫌な感じ」を取り除いてあげるために、やわらかく、あたたかく……そして「ゆるーい」感覚を提案します。真綿のような「抱き方」を。

野良猫チビとイームズの椅子の関係を見ていてそう思いました。

曲線思考

そう、ここでもコムデギャルソンの服のように、曲線の大切さを考えさせられました。それで嫌がる野良猫チビを抱き上げました。緊張してシッポをお腹側に曲げています（安心している時は、シッポはダラリと垂らします）。それでも「カリカリ（ドライフード）」をもらうために我慢して抱かれています。私は心臓の音を聞かせようと、胸の辺りでまあるくまあるく抱いていました。まだシッポはダラリとはなりませんが、自分からも身体を丸めてきます。

「気持ちいい？」

「ええ、とっても」

因みに野良猫チビは女の子です。

症例㉒　J・I　六歳（保育園年長）男児　自閉スペクトラム症

発達検査を受ける

Jくんは生後八か月から保育園に入園しています。保育園の先生は、Jくんが二歳ぐらいの時から動きが多いのが気になっていました。二歳六か月の健診では問題はないということでしたが、三歳六か月の時の発達検査では、検査に落ち着いて取り組むことが出来ませんでした。特に手先を使う課題では、苦手なのか途中で取り組まなくなりました。

お母さんもJくんが集団活動に参加しにくいことが気になっていたので、そこから発達の相談が継続していました。お母さんは発達障害があるのではないかと心配し、保育園の方も発達検査を希望されたことで、保育園年長の一月末に発達検査が行われました。検査結果は認知・適応の領域では年齢以上の結果でしたが、言語・社会の領域で一歳三か月の遅れがあったことと、やはりお母さんは育てにくさを感じていたので、小学校に上がったらどうなるのかと心配でした。それで保育園年長の二月に受診されました。

次の行動に移れない

初診の時のJくんは、最初の「こんにちは」と帰りの「ありがとうございました」はきちんと言ってくれました。年齢を尋ねると、ちょっと考えて自分の誕生日を言いました。友だちの名前は「知らない」との回答です。診察室ではおとなしく座ることが出来ています。

保育園では、自分がやりたい時とやりたくない時の差が激しいようです。ブロックやパズル、絵を描くことは大好きなので集中して取り組めますが、次の行動にはなかなか移れません。やりたくないことに対しては、周りの友だちも困るほど落ち着いていられません。気に入らないと、出て行ってしまうこともあります。いくつかの段階を踏む作業は苦手で、周りからの刺激にすぐに引っ張られます。

勝ちたい、目立ちたい

また、勝ちたい気持ちが強くて、ズルをしてしまうことがあります。目立ちたい気持ちも強くて、お姉さんの参観日を見に行った時に、Ｊくんは机の上に乗ってしまいました。勝ちたい、目立ちたいので、先生に賞められている子がいると、その子を攻撃しに行きます。手先が不器用で自分では上手く出来ないので、上手く出来ている子のものをグチャグチャにしてしまいます。

ボーッとしている

月曜などの休み明けは特に荒れることが多いです。それから一日の内では夕方から荒れます。

同じ保育園から同じ小学校に上がるのは五人で、この子たちはJくんが荒れている時は上手く距離をとってくれているので大きなトラブルにはなりませんでしたが、新しい友だちとはどうなるかが、保育園の先生は心配です。あと、時折ボーッと止まっていることが心配だと言います。

遠い風景から日常へのコメント ㉒

てんかん発作

自閉スペクトラム症を持つ子どもは、何か他のことを考えている時にボーッとしているように見えることもあるのですが、ボーッとしている時はてんかんの発作である可能性もあるので注意が必要です。家の方と小学校の先生に確かめましたが、てんかんは大丈夫でした。

保育園の経過で気になるのは、発達相談のフォローが後手に回っていることです。実際、保育園とお母さんの後押しがあって初めて発達検査や受診に繋がっています。

発達障害の対応は早めに、そしてタイミングが重要です。

小学校は普通学級に通っています。授業では一応は座っているのですが、課題が終わると立ち歩き、教室を出て行ってしまうことがあります。調子に乗って悪ふざけをし、先生が何度注意しても同じことをしてしまいます。

他の子に対しては命令口調で、自分に従わないとすぐに手や足が出ます。そして「きしょい」など人の嫌がる言葉を言うこともあり、友だちが作れず独りで行動しています。疲れると先生の机の下にもぐってしまいます。学校生活は、ベテランの先生なので何とかもっているという状況です。

投薬は拒否

服薬を提案しましたが、「薬は飲まないだろう」と投薬は拒否されました。どんな薬も絶対飲まないという子どももいますが、お母さん自身が薬物療法に抵抗があるようでした。友だちには嫌われ、勉強にも取り組めない状態で、二学期にはますます状態が悪くなっています。薬に頼らないというのも一つの選択ですが、Ｊくんの可能性をどんどん少なくする選択でもあります。

症例㉓ Z・L　三歳（児童発達支援事業所に通所中）女児　自閉スペクトラム症

電車やバスへの「こだわり」

Zちゃんは赤ちゃんの時はずっと不機嫌で夜泣きがひどく、うまく眠れなかったようで、お母さんは療育相談を続けていました。ハイハイは八か月からですが、歩き始めは一歳四か月でした。十か月健診から、人とのやりとりが弱いということで継続的に発達相談を受けていました。

生活面でのこだわりが強く、対人関係に課題があるということで、二歳十一か月より児童発達支援事業所（注1）のT園に週五日通所することになりました。

そこは二、三歳児十名の集団療育です。最初のうちは家からパジャマを着てしか登園しなかったのですが、一か月程度で普通に登園出来るようになりました。それからも行き渋りが見られたのですが、電車やバスなど好きなことで友だちと遊ぶようになり登園もスムーズになりました。電車やバスへの興味のおかげなのですが、これが困ったことを引き起こしました。

「降りたくない」

T園へはバスの送り迎えがあるのですが、帰りのバスを降りてもZちゃんはバスや電車に乗って出かけることをお母さんにせがみます。お母さんはZちゃんの要求を断り切れず、毎日夜遅くまでZちゃんに付き合わされています。

T園を紹介された時に、発達障害として対応した方が良いと説明されていたのですが、お母さんとしてはZちゃんが発達障害とは思えなかったので、どうしたらいいのかわかりませんでした。Zちゃんに振り回されて大変な思いをしていたので、専門機関での診断とアドバイスを受けたいと、Zちゃんが三歳五か月の時に両親と一緒に受診しました。T園に通園し出してから五か月目で、毎日電車に乗って二か月目のことです。

トーマスの服

初診の時、Zちゃんは言葉を発することなく、ずっとお父さんに抱き付いたままです。話し掛けに対しては、寝た振りをしているようにも見えます。

トーマスが描かれた服を着ているのですが、その日が特別な訳でなく、トーマスが描かれた服しか着ません。食べ物は気に入ったらそればかり食べます。プリンと言えばプッチンプリンです。最初に食べたものしか食べないのです。
買い物は行く場所とやることが決まっています。まずはマクドナルドのポテトを食べて、次にゲームをします。その次はアイスクリームを食べます。

箇条書き

お母さんは知りたかったことを箇条書きにしてくれました。

・今は言葉が出ているのに、前に発達障害と言われたのはなぜか、どう理解したらいいか。
・性格によるものか、障害によるものか。
・来年T園を出ないといけないので、保育園がいいのか幼稚園がいいのか。今は保育園がいいと思っている。

二回目の診察は一か月半後でした。この時もお父さんに抱っこされていたのですが、初回と違って寝た振りはせず何か喋っています。帰りには「バイバイ」と手を振ってくれました。日常生活も少し落ち着いて、電車も毎日ではなくなりました。

遠い風景から日常へのコメント㉓

「知ること」の大切さ

両親には自閉スペクトラム症の説明をZちゃんに即して行っただけですが、それだけでも結構落ち着くことがあります。

ある小学生の例では、障害の説明を両親と先生に行った後、その小学生は「周りのみんなが優しくなった」と言い、また自身も「楽になった」と言っていました。このことは、まずその子の障害の特性を知ることが如何に大事かを物語っています。

「こだわり」と付き合う

毎日電車に乗ることを要求されて、お母さんは疲れ果てていました。園から帰って電車に乗ることが一つのパターンになってしまっていました。マクドナルドの後にゲームをするのも同じです。後者の方は毎日ではないようですし、経済的にも時間的にも毎回付き合っても問題ないかもしれません。いつでも「付き合えるようなもの」で、それほど害にならないことなら、「こだわり」に付き合うのも気持ちを安定させる一つの手です。

しかし前者のように、毎日付き合うのは無理というものは、最初から習慣化しないように注意しておかなければなりません。いったん習慣化したものは止めさせるのが大変で、止めさせるための王道はありません。

昨日・今日・明日の区切り

お母さんは二回目の診察の時、「明日と今日の区別が出て来てから楽になった」と話されていました。Zちゃんの場合は、ちょうどタイミングよく「時間の概念」がしっかりしてきたようで、「今日はだめだけど明日は一時間電車に乗ろう」という方策が可能になってきたようです。

「こだわり」とどう上手く付き合っていくかが、その子が落ち着くかどうかのポイントです。

注1　児童発達支援事業所　「児童発達支援」は、児童発達支援センターと、この事業所の二つに分けられている。センターは、地域の中核にあって、保育園・幼稚園などとも連繋して支援を行う要素が強いが、事業所は、未就学の障害のある子どもが通いやすいよう、身近な地域に多く設置され、「療育の場」としての機能をより重視している。

症例㉔　F・U　五歳（保育園年長）　男児　自閉スペクトラム症

「療育手帳」B判定

Fくんは保育園に一歳から通っています。歩き始めは一歳二か月で、話し始めは「ママ」という言葉で一歳過ぎたぐらいでした。

三歳の時に「療育手帳」（注1）がB判定で、児童発達支援事業所に通所しました。そこでのトランポリンとオセロを楽しみにしていました。五歳になってからの検査では判定外だったといいます。

家でも言葉で伝えるのが難しく、上手く伝えられずにイライラすることがあります。

ちょっとしたことで涙目になり、固まってしまいます。

恵まれた家庭環境

保育園の先生は、Ｆくんの家族は本当にいい家族と絶賛です。Ｆくんのことを待てる家族です。両親はＦくんのことを発達障害だろうと考えて、小学校までに出来ることを準備しておこうと年長の十二月に受診しました。

初診の時は緊張した様子でしたが、名前や年齢に対する質問には「〜です」とはっきりと答えてくれました。

また「保育園は楽しい？」と聞くと「楽しいです」と答えてくれますが、「どんなことが楽しい？」と聞くと無言です。

保育園では色々なことにマイペースです。用心深く、何をやるにも一個一個確認してやるので時間がかかります。自分から進んで動くことはなく、声を掛けてもらっても座ったままです。並ぶ時は決まって最後尾に付きます。歩いたり走ったりするのもゆっくりです。

文字は好き、絵は苦手

Ｆくんは忘れ物があっても、そのことを伝えることが出来ませんでした。五歳になって、やっと周りに慣れてきたので声を出すことが出来るようになりました。周りの子も優しくて、Ｆくんにはゆっくり話してくれます。特に仲の良い子がいる訳ではありませんが、皆が声を掛けてくれます。

文字に興味があって、読むことは出来るのですが、人がいたら恥ずかしくて読みません。

絵は苦手で四歳までほとんど描きませんでした。ペンを持ったまま固まっていました。それで小さな紙に描くことから始めて、次第に描くことが出来るようになってきました。「こだわり」はありますが、別の選択肢を与えると折れてくれます。

Ｆくんは周りから認められて、自信を持てば出来ることも多いのですが、小学校はどんな環境になるか心配です。

遠い風景から日常へのコメント㉔

就学前の知能テストの評価は慎重に

三歳の時には療育手帳B判定でしたが、五歳十一か月の知能検査ではむしろ知能は高めです。WISC－Ⅳでは全検査IQ109、言語理解101、知覚推理109、ワーキングメモリー123、処理速度96です。

知能が高くても、就学前では知的障害があるのではと疑われる場合もよくあります。また就学前の知能テストでは、テスト施行の際の問題の説明が理解出来ずに結果が低値になることもよくあるので、評価は慎重に行う必要があります。

家の人の理解もあり、保育園では園の先生が驚くほど周りの子が優しくしてくれる環境で、大きな破綻もなく登園出来ていました。小学校の環境が心配されていましたが、小学校も躓《つまず》くことなく通えました。

知能に見合った力を出させるために

Fくんは、知能に見合った成果を出すために抗不安薬を服薬しています。何とか適応出来ているからいいというのではなく、どうやったら持てる力を出せるかを考えることも必要なことと思います。

…………

注1　療育手帳　都道府県知事が「知的障害を持つ」と判定した知的障害者に発行する障害者手帳。障害の判定は、十八歳未満は児童相談所で行う。多く四段階で判定される。判定区分の呼び名は、各自治体によって異なるが、一般的には最重度・重度をA、中度・軽度をBと区分する。

症例㉕　H・I　三歳（幼稚園年少）男児　自閉スペクトラム症

診断名

Hくんは歩き始めの遅れはありませんが、一歳半の健診で指差しが出来ないことを指摘され、言葉はオウム返しが見られたと言います。

児童相談所で相談が継続されて、三歳四か月の時に発達検査（新版K式発達検査二〇〇二）を施行されています。結果は総合で発達年齢は二歳二か月でした。診察は予定されていたのですが、二年後ということでした。幼稚園年少の通園とともに、週一回一時間半の療育も開始されました。

このように発達障害としての支援は動き出しているのですが、診察がまだですので診断名が付いていていません。両親は診断名が気になり、幼稚園年少の六月に受診されました。

「消毒」

初診の時は、大人しく座っていて名前を教えてくれました。言葉は少なく、突然「消毒」と言うことがありました。帰りは「さようなら」と言ってくれました。

幼稚園では、四月はじっとしていることがなくて、飛び出して行ったり、走って行って他の子とぶつかったりしていましたが、それもだんだん減ってきました。どこかへ行っても、ちゃんと戻って来ます。気分が乗っている時は、ぴょんぴょん飛び跳ねたり、走り回ったりしていますが、先生が止めようと思うと止めることは出来ます。

転ぶ

運動は普通に出来ますが、平面でもよく転びます（注1）。他の子にぶつかって転ぶこともまだあります。

言葉は、先生が言うことの理解はあるようです。そして自分から挨拶をするようです。遊びでは、集中出来る時間が短いようです。外遊びの時は、団子虫を見付けるなどの独り遊びが多いです。

遠くの救急車の音に気付くなど、聴覚は敏感ですがパニックを起こすことはありません。食事は偏食で、野菜は食べません。

児童相談所での発達検査の時は、じっとしていることが難しく、部屋の隅に隠していたぬいぐるみや仮面ライダーのヘルメットを勝手に出していたようです。目に見えるものに反射的に反応する行動が見られています。

遠い風景から日常へのコメント㉕

知的障害？

三歳四か月の時に児童相談所で施行された検査（新版K式発達検査二〇〇一）のそれぞれの項目は、「姿勢・運動　二歳一か月」、「認知・適応　二歳一か月」、「言語・

社会　二歳〇か月」でした。心理判定所見は軽度精神発達遅滞でした。つまり軽度知的障害ということですが、小学校に上がるまでには発達が追い付いていく可能性があります。

一歳半の健診でオウム返しを指摘されていますから、話し始めの時期に遅れはなかったと考えられます。話し始めの後の言葉の発達が遅くても、三歳頃から急に言葉が増えていくことは珍しくありません。

親としては知的障害の有無が大きな関心事と思われますので、支援される方は現時点と先の可能性をしっかり伝えて、過度な心配を与えないことも大切だと思います。

注1　平面でもよく転びます　不器用、運動神経が鈍い、という時に考えられるのは、ＩＣＤ－10の「運動能力の特異的発達障害」、ＤＳＭ－５の「発達性協調運動症」である。第一章、表１－１参照。

症例㉖　S・U　三歳（保育園年少）男児　自閉スペクトラム症

「言葉が気になる」

Sくんは十か月健診で模倣が確認出来ませんでした。一歳九か月健診では、大泣きして課題に取り組むことが出来ませんでした。歩き始めも一歳六か月でした。このため発達相談が開始されました。

二歳四か月より療育待機事業所に月一回通って、二歳十一か月から児童発達支援センターで週五回の療育を受けています。

お母さんは「言葉が気になる」とのことで、同センターの紹介で、三歳四か月の時に病院を受診されました。

水を飲むと治まる

初診の時はSくんが言葉を発することはありませんでした。

お母さんの話では、目を合わすことが少なくて、耳の検査では問題ないのですが、話し掛けても振り向かないと言います。ただSくんの名前を呼ぶと振り向きます。電車の絵本は大好きで、シール貼りも好きです。家での遊びは散歩で、センターではセンターの庭が好きです。水は好きでプールは嫌いです。砂は苦手です。食事は偏食で、魚や肉は食べません。

いつもと違う手順を踏むと怒って、治まるのに三十分ぐらいかかります。何回か水を飲むと治まるようです。

クレーン現象

センターからの話では、積木を積み上げたり、なぐり書きをしたりは出来るようです。発声は「あーうー」など単調ですが、怒ると大きな声を出すなどして要求を伝えます。意味のある言葉はまだ出なくて、指差しはなく、クレーン現象（注1）が見られます。言葉を聞いて理解することは出来ませんが、大人のすることを真似しようとすることはあります。

遠い風景から日常へのコメント㉖

「自閉症」

Sくんの診断は、現在では自閉スペクトラム症ですが、いわゆる「自閉症」（注2）です。

初診の次の年の四月からは、保育園の入園が決まっていました。保育園では自閉症の子の受け入れは初めてだとのことでした。保育園に入園する年の二月頃は、トイレの合図が出来るようになり、「絵本を読んでくれ」というような仕草もするようになっています。言語的コミュニケーションについては目に見えるような変化は見られませんが、非言語的コミュニケーションには進歩が見られます。

泣かない

保育園に入園して、最初の一週間は泣いたり叫んだりしていました。食事の時は二十数人で集まるのでいつも泣き続けていましたが、だんだんその時間が短くなってきました。午後のお昼寝の時間は眠れません。

七月の受診の時には、泣かずにテーブルに着くようになって、お昼寝も出来るようになったという話でした。周りが何を話しているかも、だんだん理解出来ることが増えてきました。

診察室の本棚

九月の受診の時は、診察室の本棚を気にしています。どうも大好きな電車の本が見たいようです。「本を見ていいよ」と言うと、本棚にある新幹線の本を取り出して見ています。テレビが大好きで、話も大分わかるようになってきました。保育園では自分でナプキンをもとに戻しています。

お別れ

十二月の受診の時も機嫌よく電車の絵本を見ていました。帰りの挨拶はハイタッチです。保育園も大分慣れて楽しく通えています。しかしせっかく慣れて来たのに、お父さんの転勤が決まってしまいました。

翌年の二月に受診した時も、意味のある言葉は出ていなかったのですが、前より意思表示が出来るようになっていました。ちょっと心配ですが、お父さんの転勤のためSくんとはお別れです。

注1　クレーン現象　「指差し」の出来ない子どもがその〝もの〟自体を指差すのではなく、その〝もの〟の所へ、親や先生を連れてゆき、例えば「これが欲しい」と意志表示する行為。

注2　「自閉症」　DSM－Ⅳ－TRの自閉性障害は、一般的に「自閉症」と呼ばれることも多い。言語発達の遅れを特徴とする。

コラム

数の概念について

「数字」はネーム

小学校に入る前から自然にひらがなや数字に興味を持って、字を書いてみる子も多いと思います。しかし数字に関しては、バスの系統が何番とか、ナンバープレートの数字とかで、数量として扱うのはたいていは小学校に入ってからでしょう。

小学校に入るまでには、教えなくても普通は数量としての数の概念が形成されています。小学校に入る頃には、1＋1＝2が難なく理解出来るようになっています。

小林秀雄と岡潔

そもそも数の概念はどこからやって来るのでしょうか。「一」という概念について、小林秀雄と数学者の岡潔との興味ある対談がなされています（『人間の建設』 新潮社）。

小林　子どもが一というのを知るのはいつとかと書いていていましたね。

岡　自然数の一を知るのは大体生後十八ヵ月と言ってよいと思います。それまで無意味に笑っていたのが、それを境にしてにこにこ笑うようになる。つまり肉体の振動でなくなるのですね。そういう時間がある。そこで一という数学的な概念と思われているものを体得する。生後十八ヵ月前後に全身的な運動をいろいろとやりまして、一時は一つのことしかやらんという規則を厳重に守る。その時期に一というのがわかると見ています。一という意味は所詮わからないのですが。

小林　それは理性ということですな。

岡　自分の肉体を意識するのは遅れるのですが、それを意識する前に、自分の肉体とは思わないながら、個の肉体というものができます。それがやはり十八ヵ月の頃だと言えると思います。

小林　それが一ですか。

岡　数学は一というのを取り扱いません。数学者が数学をやっているときに、そのころできた一というものを生理的に使っているんじゃあるまいかと想像します。しかし数学者は、あるかないかわからないような、架空のものとして数体系を取り扱っているのではありません。自分にはわかりませんが、内容をもって取り扱っているのです。そのときの一というものの内容は、生後十八ヵ月の体得が占めているのじゃないか。一がよくわかるようにするには、だから全身運動ということをはぶけないと思います。

「一」の体得

「一」の体得と「自己」には何か奥深い関係がありそうです。

以前に診ていた自閉スペクトラム症を持つ子で、小学校に入っても数字の概念が体得出来ていない子がいました。その子にとっては、「1、2、3…」と「い、ろ、は…」の質的な違いがなかったのです。つまり「1＋1＝」と聞かれても何のことかわかりません。「い＋い＝」と聞かれて困るのと同じです。

その子は三十歳を手前に自殺してしまったと聞いています。

終章

発達障害が映す未来

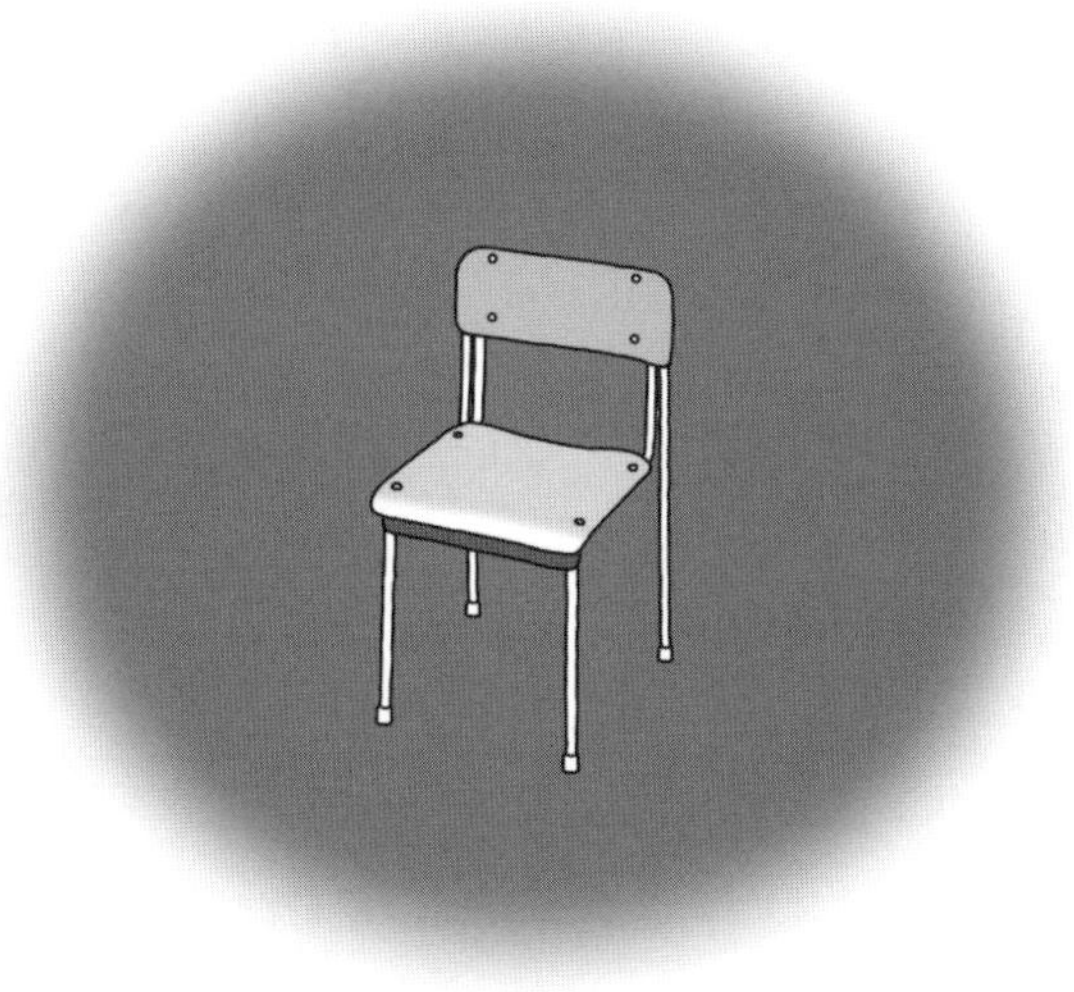

「可愛い子貯金」

子どもは中学生や高校生にもなると、なかなか親の思うようには動いてくれません。そんな時でも、「親バカ」が子どもを育てるように、「可愛い子貯金」でなんとかやっていけるんだという声も聞きます。

就学前は、まさに「可愛い子貯金」の真っ最中です。「発達障害」を持つ子の中には、むしろ育てやすいという子もいますが、「発達障害」を持つ子の「こだわり」のために、子育てに苦戦を強いられることが少なくありません。それで徐々に疲れてしまい、「可愛い子貯金」が難しくなってきます。

そこで「発達障害」とわかると、子どもとの間に少し良い距離が取れて、再び「可愛い子貯金」を始めることが出来ます。

母親の責任？

兄弟がいると、親の方もこの子は他の兄弟とちょっと違うと感じて、発達の問題に気付くこともよくあります。そして上の子が「発達障害」で通院している場合は、「下の子もちょっとタイプが違うと思うけれど発達障害なのではないか」と診察を希望されることがあります。

また子どもの「発達障害」の診断をきっかけに、自分もそうではないかと親も診察を受けるという場合もあります。

しかし一人っ子の場合は、兄弟のような比較対象がないので気付くのが難しくなります。育てにくいのは自分の子育てのやり方が間違っているからではないかと、特に母親は自問自答して悩みます。時に父親、父親の両親がそろって母親を責めるという事態になることもあります。

以前は、子どもを「発達障害」と診断した時に、ほっとして泣き出してしまうお母さんもよくいました。今でも母親だけが責められるという構図はありますが、現在は祖父母が孫の「発達障害」に気付いて受診を勧める場合があります。

「障害」とは

「発達障害」の診断をきちんと受けておくメリットは大きいのですが、自分の子や孫が発達「障害」ということを受け入れるのに抵抗があることは十分理解出来ます。

発達「障害」と診断されると、一生治らないもの、手の施しようのないものと思ってしまいます。それでは「発達障害」という診断に抵抗が生じるのも無理はありません。実際に、「発達障害は一生治らないからあきらめて下さい」と他の医者に言われたという患者さんもいます。

確かに「発達障害」は生まれ付きの特性なので根本的なところは変わりませんが、うまく対応していくと特性による「障害」が目立たなくなったり、逆に才能になったりすることも、そう珍しいことではありません。

就学前や小学生の時からフォローアップしている子は、ほとんどがそれぞれの道を見付けて「障害」もなく生活しています。中には統合失調症などの疾患を併発して、別の苦労をしている人もいますが、それでも「発達障害」でフォローアップしていたため、他の疾患の発見が早いというメリットがあります。

ADHDの罪

就学前の自閉スペクトラム症を持つ子どもは、興味・関心によって好きなことに自分勝手に向かっていくので「多動」に見えたりします。また自閉スペクトラム症の脳の責任部位から考えて、情動のコントロールが難しく「多動」に見えたりします。

また乳幼児期は、外的刺激に反応して行動が獲得されるところが目立つため、「多動」が見られます。これらによって、「自閉スペクトラム症」や「定型発達」がＡＤＨＤと間違われてしまうことがあります。

近頃はキンダーカウンセラーが幼稚園や保育園に入るようになりましたが、経験の少ないカウンセラーが過剰にＡＤＨＤの指摘をすることがあるとも聞きます。時にはそれが園と保護者とのトラブルに発展するという事案もあるようです。

医師の罪

以前よりある「就学前の発達障害の問題」は、グレーゾーンと言われて、〝こと〟が前に進まなくなるケースです。医師以外は診断を下す立場ではないので、グレーゾーンという表現を使うことは仕方のない面があるのは理解出来ます。しかし、病院の場合はちょっと気を付けなければいけません。

患者さんから「病院に行ったらグレーゾーンだから、病院に来なくていいと言われた」と聞くことがありますが、グレーゾーンなら「様子を見ますので、次回は～頃に受診して下さい」というのが筋ではないでしょうか。

「来なくていい」と言われると、親としては大丈夫なのかと思うか、戸惑うかのどちらかです。それで状況が随分悪くなってからの受診ということにもなりかねません。

「障害」の輪郭

小学校に入るともう少し障害の輪郭がはっきりして来ますので、少なくとも小学校に入ってしばらくは通院を続ける方が良いと思います。

第二巻は、発達の問題がもう少しはっきりする「小学校低学年」の話です。

小学校高学年になると心理的な問題も目立ち、「発達障害」の像もだんだん複雑になって来ます。したがって、神経発達症のそれぞれの疾患を理解するには、小学校低学年の子どもたちの事例が大いに役に立つと思います。

「発達障害」全体の理解の要は自閉スペクトラム症ですが、注意欠如・多動症などその他の神経発達症についても知っておく必要があります。

第二巻は自閉スペクトラム症を軸として、神経発達症の中の重要な疾患についても少し詳しく見ていくことになります。

資料

向精神薬

薬とうまく付き合うために

①主な抗不安薬
②主なＡＤＨＤ治療薬
③主な抗うつ薬
④主な気分安定薬
⑤主な抗精神病薬
⑥主な睡眠薬

薬と付き合う

病院でもらった薬をついつい飲み忘れたことはありませんか。調子が良い時はなおさらです。きっちり飲んでいるつもりなのになぜか余っていることもあるでしょう。

薬は一度飲んだら止められなくなるのではと心配する方も少なくないのですが、向精神薬（精神科でもらう薬の総称）の場合は特にそうです。精神科の医者は、服薬を何とか続けてもらうのに苦労することが多いのです。精神科以外の医者や薬局の薬剤師までもが、精神科の薬は癖になるからとか、強い薬だから飲まないようにとかと、自分の感想で患者さんを不安におとしいれることも結構あるのです。

ベンゾジアゼピン系

ベンゾジアゼピン系の抗不安薬（注1）は、成人の場合は、特に精神科医にも嫌われることがあります。この場合、不安に対して抗うつ薬が使われることになります。両方とも不安に効くのですが、そもそも作用機序が違う薬なので、不安の症状だからどちらでもいいというのはちょっと考えが雑過ぎると思います。

不安の症状は単に不安症だけに現われるのではなく、「うつ病」や「統合失調症」の前ぶれであったりするので、不安のあり方には十分注意を払うことが必要なのです。就学前の症状は、まず「不安」として現われることが多いので、薬物療法としては不安の薬が出されることになります。

嫌われもののベンゾジアゼピン系抗不安薬ですが、その一つにロフラゼプ酸エチル（商品名メイラックスなど）があります。実はこの薬剤は、小児の難治性てんかんの治療によく使われた時期があるのです。そしてその頃に長期投与の副作用がよく研究されていて、安全性が高いことが示されています。

抗精神病薬の使い方

てんかんといえばバルプロ酸ナトリウム（商品名デパケンなど）が優れた薬なのですが、これは気分安定薬にも使えるので、就学前としては使いやすい薬です。

抗精神病薬は妄想などを和らげる効果があり、「統合失調症」などに使われる薬なので、小児に使うとなるとびっくりするかも知れませんが、その中のリスペリドン（商品名リスパダールなど）は小児期の「自閉スペクトラム症」に伴う易刺激性《いしげきせい》に対して使用が認められている薬です。

ＡＤＨＤ治療薬は六歳からの薬なので、それまでは「多動」がどこから来ているのかしっかりと見ておくことが必要です。例えば、「多動」に見えているのが気分や易刺激性の問題なら抗精神病薬を使うこともあります。

成長と薬の塩梅

成長に伴い病状は変化していきますから、その時その時の状態を見極めて上手く薬を利用する必要があります。

注１　ベンゾジアゼピン系の抗不安薬　一九五〇年代から一九六〇年代にかけてトランキライザー（精神安定剤）として市販されたが、乱用のため、厳重な管理下におかれた。現在、処方は医師のみが出来る。ベンゾジアゼピン系抗不安薬に代わって、「抗うつ薬」のＳＳＲＩ（選択的セロトニン再取り込み阻害薬）が「不安」に処方される場合がある。ただ異論は多い。

① 主な抗不安薬

作用時間	作用強度	一般名	商品名
短	極弱	トフィソパム	グランダキシン
短	弱	クロチアゼパム	リーゼ
短	強	エチゾラム	デパス
中	強	ブロマゼパム	レキソタン
中	強	ロラゼパム	ワイパックス
中	中	アルプラゾラム	コンスタン／ソラナックス
長	中	ジアゼパム	セルシン／ホリゾン
長	強	クロキサゾラム	セパゾン
長	強	クロナゼパム	リボトリール／ランドセン
超長	中	ロフラゼプ酸エチル	メイラックス
超長	強	フルトプラゼパム	レスタス

② 主なADHD治療薬

種類	一般名	商品名
中枢神経刺激薬	メチルフェニデート	コンサータ
非中枢神経刺激薬	アトモキセチン	ストラテラ
非中枢神経刺激薬	グアンファシン	インチュニブ

③ 主な抗うつ薬

種類	一般名	商品名
SSRI（選択的セロトニン再取り込み阻害薬）	パロキセチン	パキシル
	フルボキサミン	ルボックス
		デプロメール
	セルトラリン	ジェイゾロフト
	エスシタロプラム	レクサプロ
SNRI（セロトニン・ノルアドレナリン再取り込み阻害薬）	ミルナシプラム	トレドミン
	デュロキセチン	サインバルタ
	ベンラファキシン	イフェクサーSR
NaSSA（ノルアドレナリン・セロトニン作動性抗うつ薬）	ミルタザピン	リフレックス
		レメロン

④ 主な気分安定薬（Ⅱの非定型抗精神病薬を含む）

一般名	商品名
Ⅰ　気分安定薬	
炭酸リチウム	リーマス
カルバマゼピン	テグレトール
バルプロ酸ナトリウム	デパケン、バレリン
ラモトリギン	ラミクタール
Ⅱ　非定型抗精神病薬	
オランザピン	ジプレキサ
アリピプラゾール	エピリファイ

⑤ 主な抗精神病薬

種類	一般名	商品名
フェノチアジン系抗精神病薬（定型抗精神病薬）	クロルプロマジン塩酸塩	ウインタミン／コントミン
	レボメプロマジン	ヒルナミン／レボトミン
	フルフェナジン	フルメジン／フルデカシン
ブチロフェノン系抗精神病薬（定型抗精神病薬）	ハロペリドール	セレネース
	ブロムペリドール	インプロメン
	ピパンペロン塩酸塩	プロピタン
ベンザミド系抗精神病（定型抗精神病薬）	スルピリド	ドグマチール／アビリット
	ネモナプリド	エミレース
セロトニン・ドーパミン遮断薬（非定型抗精神病薬の一つ）	リスペリドン	リスパダール
	ブロナンセリン	ロナセン
多元受容体作用抗精神病薬（非定型抗精神病薬の一つ）	オランザピン	ジプレキサ
	クエチアピンフマル酸塩	セロクエル
	クロザピン	クロザリル
ドーパミン受容体部分作動薬（非定型抗精神病薬の一つ）	アリピプラゾール	エビリファイ

*定型は従来の精神病薬。非定型は新世代型。

⑥ 主な睡眠薬

種類	一般名	商品名
超短時間型（半減期が２～４時間）	ゾルピデム	マイスリー
	トリアゾラム	ハルシオン
	エスゾピクロン	ルネスタ
	ゾピクロン	アモバン
短時間型（半減期が６～12時間）	ブロチゾラム	レンドルミン
	ロルメタゼパム	ロラメット、エバミール
	リルマザホン	リスミー
中時間型（半減期が12～24時間）	フルニトラゼパム	ロヒプノール、サイレース
	ニトラゼパム	ベンザリン、ネルボン
	エスタゾラム	ユーロジン
長時間型（半減期が24時間以上）	クアゼパム	ドラール
	フルラゼパム	ダルメート、ベノジール
	ハロキサゾラム	ソメリン

「発達障害」を自閉スペクトラム症を透して見る——あとがきに代えて

この第一巻では、「症例」はすべて自閉スペクトラム症を扱っています。就学前の「発達障害」の問題の多くが、自閉スペクトラム症の理解から始まると考えるからです。

「発達障害」即ち神経発達症群の中には、知的能力障害、いわゆる知的障害が含まれています。一方、我が国の特別支援学級は知的学級と情緒学級に分かれていて、自閉スペクトラム症やADHDで支援の必要な子どもはだいたい情緒学級に入級しています。

このように一般的な通念としては、発達障害は知的障害とは別に、自閉スペクトラム症、ADHD、「学習障害」を主なものとして理解されているように思われます。学習障害を括弧付きとしているのは、限局性学習症よりも広い意味での学習困難として理解されていることがあるからです。この「学習障害」の問題は第二巻で扱います。

就学前では「多動」がADHDの問題なのか、自閉スペクトラム症の影響なのか、はたまた発達段階でみられるものなのかなど線引きが難しいところがあります。また就学前では小学校ほど定位置での持続した課題を行うことが要求される訳ではないので、「多動」は小学校ほど問題にはなりません。

「学習障害」も主に小学校から問題になりますから、就学前の発達障害の問題の多くは、初めに書いたように自閉スペクトラム症を中心としています。

このため第一巻では自閉スペクトラム症の理解の土台を扱っています。

主要参考文献

Katarzyna Chawarska, Ami Klin, Fred R. Volkmar *Autism Spectrum Disorders in Infants and Toddlers*, The Guilford Press, 2008

乳幼児の自閉スペクトラム症を一通り勉強出来る一冊です。

Eric Hollander, *Autism Spectrum Disorders*, Marcel Dekker, 2003

少し古くなってしまいましたが、自閉スペクトラム症の中心症状を理解するにはいい本だと思います。

DSM-III, The American Psychiatric Association, 1980

出版当時は精神科医になる前でしたが、何となく買ってしまいました。最近役に立っています。

DSM-5, The American Psychiatric Association, 2013

日本語訳よりも英語の方が読みやすいです。

日本精神神経学会『ＤＳＭ－５』医学書院、二〇一四年

疾患名は定訳なので、仕事がら仕方なく持っています。

小林秀雄・岡潔『人間の建設』新潮社、二〇一三年

文系的天才と理系的天才の高級な雑談。人間を考える際のヒントになります。

Edited by Fred R.Volkmar, Rhea Paul, Ami Klin, Donald Cohen, *Handbook of Autism and Pervasive Developmental Disorders*, John Wiley & Sons, Inc., 2005

ハンドブックなので、自閉スペクトラム症のことは一通り載っています。

Leo Kanner, "Autistic disturbances of affective contact", *nervous child*, 1943

本文の元になった論文です。一読の価値はあると思います。

Lorna Wing, "Aspergers' syndrome: a clinical account," *Psychological Medicine*, 11, 1981, pp. 115-129.

アスペルガー症候群の名前の生みの親の論文です。あまり面白くないと思うのですが。

ベアー、コノーズ、パラディーソ著、加藤宏司・後藤薫・藤井聡・山崎良彦訳『神経科学―脳の探求』西村書店、二〇〇七年

神経科学の教科書です。読みやすく理解しやすいと思います。

崎濱盛三『発達障害からの挑戦状』ＷＡＶＥ出版、二〇一三年

十一元三監修、崎濱盛三著 『発達障害』（思春期のこころと身体Ｑ＆Ａ⑤）ミネルヴァ書房、二〇一九年

自著ですが、これらも参考にしています。

索　引

あ　行

か　行

さ　行

た　行

な　行

は　行

ま　行

や　行

ら・わ　行

欧　文

コラム執筆：西川照子
＊219頁コラム「数の概念について」執筆は著者
図・表、注原案作成：エディシオン・アルシーヴ

《著者紹介》

崎濱盛三

(さきはま　もりみつ)

洛和会音羽病院神経精神科副部長

1958年、大阪府に生まれる。
1994年３月、京都大学医学部卒業。
1994年４月、京都大学医学部附属病院精神神経科入局。
1995年４月、京都大学医学部附属病院老年科入局。
1995年９月、市立舞鶴市民病院内科勤務。
1997年４月、水口病院精神科勤務。
1999年４月、大津家庭裁判所医務室技官勤務(非常勤)。
大津地方裁判所・家庭裁判所健康管理医
(2007年９月まで)。
2000年４月、滋賀里病院精神科勤務。
2002年４月、滋賀里病院心療内科勤務。
2004年４月、高松赤十字病院精神科勤務。
2006年２月、洛和会音羽病院神経精神科勤務。

現職

洛和会音羽病院　神経精神科副部長
滋賀県子ども家庭相談センター　児童担当嘱託医師
児童心理治療施設さざなみ学園　嘱託医師
同志社女子中学・高等学校　発達相談医療顧問
延暦寺学園比叡山中学・高等学校　教育相談スーパーバイザー

著書

『発達障害からの挑戦状』WAVE出版、2013年
『発達障害――精神科医が語る病とともに生きる法』〈思春期のこころと身体Q&A⑤〉ミネルヴァ書房、2019年

シリーズ・症例が語る「発達障害」①
就学前　発達障害が映す子どもたち
―― 0歳から始まる症状 ――

2020年5月10日　初版第1刷発行　〈検印省略〉

定価はカバーに
表示しています

著　者　崎　濱　盛　三
発 行 者　杉　田　啓　三
印 刷 者　坂　本　喜　杏

発行所　株式会社　ミネルヴァ書房
607-8494　京都市山科区日ノ岡堤谷町1
電話代表　(075)581-5191
振替口座　01020-0-8076

冨山房インターナショナル・清水製本

ISBN 978-4-623-08946-8
Printed in Japan

シリーズ・症例が語る「発達障害」
全５巻
崎濱盛三 著

①就学前 発達障害が映す子どもたち
　0歳から始まる症状

②小学校低学年 発達障害が映す子どもたち
　症状が表面に見えてくる

③小学校高学年 発達障害が映す子どもたち
　症状の本性が見えてくる

④中学生 発達障害が映す子どもたち
　疾患名がわかってくる

⑤高校生 発達障害が映す子どもたち
　症状が拡大してゆく